# DE L'AME,

ET DE SON

# IMMORTALITÉ.

# DE L'AME,

## ET DE SON

# IMMORTALITÉ.

## SECONDE PARTIE.

A LONDRES.

M. DCC. LI.

*Eheu! quàm miserum est fieri metuendo senem!*

Publ. Syrus.

# DE L'AME, ET DE SON IMMORTALITÉ.

TOUJOURS occupés de l'avenir, la mort même ne borne pas notre inquiétude; nous la poussons au-delà du tombeau. Nous sçavons qu'il n'est pas question seulement d'une heure, d'une année ou d'un siécle, mais d'une éternité qui nous attend après la mort (a); & sans faire attention à

(a) Non unius horæ
Ambigitur status, in quo sit mortalibus omnis

cette autre éternité qui nous a précédés, nous n'envisageons qu'avec effroi celle qui doit nous suivre. L'essai que les hommes font pendant toute leur vie des plaisirs & des peines, leur en fait souhaiter ou craindre d'infiniment plus durables ; & cette pensée produit en eux un désir violent de connoître quel doit être leur sort, lorsquils cesseront de vivre. C'est ce désir & cette inquiétude générale des hommes, qui ont donné lieu aux raisonnemens qu'ils ont faits dans tous les tems sur la nature de l'ame. Persuadés qu'il faut exister avant que d'être heureux ou misérable, ils ont examiné s'il étoit de l'essence de leur être de subsister encore après la mort. Les uns l'ont cru, & se sont promis l'immortalité ; d'autres ont pensé le contraire, & se sont soumis sans peine à un anéantissement ou plutôt à

Ætas post mortem quæ restat cunque manenda.
*Lucret. lib.* 3.

une dissolution, qu'ils ont regardée, moitié comme le terme de leurs plaisirs, que comme la fin des maux auxquels la nature humaine est nécessairement sujette.

L'extrême intérêt que nous avons à découvrir si nous devons un jour cesser d'être, ou si nous serons toujours, devroit nous engager à faire quelques efforts pour nous en éclaircir. Mais ce n'est point avec un esprit timide & prévenu qui ne connoît & ne respecte que son siécle, qu'on doit entreprendre cette discussion. Il faut sortir de cette enceinte d'opinions présentes, où la nature & l'éducation nous ont enfermés : il faut franchir cette barriere qui nous environne, donner un champ libre à nos réflexions, nous transporter dans les siecles les plus reculés, & examiner sans préjugé ce qu'on a pensé avant nous sur la nature de notre ame. Par-là on apprendra l'histoire naturelle de cette substance qui nous anime ; on verra le progrès & la source de l'opinion de son immortalité ; on connoîtra sur quoi cette opinion a été fondée parmi la plus grande partie des Peuples. Mais convenons de la vérité : à s'en tenir à ces seules recherches, on ne verra rien qui mérite de fixer nos sentimens, rien qui ne soit une preuve de la foiblesse de l'esprit humain & de l'aveuglement de notre raison, lorsqu'elle n'est point éclairée par des lumieres supérieures.

## CHAPITRE I.

### *Premiere idée que les Hommes ont eue de l'Ame.*

DE toutes les parties de la Philosophie, la Métaphysique est une de celles que l'on croit avoir perfectionnée le plus dans ces derniers tems. Nos Philosophes plus subtils & plus éclairés que ceux qui avant eux avoient raisonné sur cette matiere, se vantent d'avoir débrouillé ce que les siécles précédens avoient confondu, & d'avoir prouvé d'une maniere convaincante la spiritualité, & par conséquent l'immortalité de notre ame. La raison dont ils se servent pour démontrer une vérité aussi importante, leur paroît si naturelle & si facile à trouver, qu'ils s'étonnent comment nos peres ne s'en sont point apperçus ; ensorte qu'en cela ils reconnoissent la vérité de ce que disoit un Ancien (a) : » Un tems viendra, où l'é» tude & l'application de nos neveux dévoi» leront tous ces mysteres ; un jour nos » descendans seront surpris, que nous ayons » pû ignorer des choses aussi claires, & dont » la découverte étoit si aisée. «

Il n'est point de mon sujet d'entrer ici dans l'examen de cette preuve si claire &

(a) C'est Seneque, qui dans ses Questions naturelles, liv. 7. ch. 25. parlant des Cometes & des Eclipses de Lune, dit : *Veniet tempus, quo ista, quæ nunc latent, in lucem dies extrahet, & longioris ævi diligentia ; veniet tempus, quo posteri nostri tam aperta nos nescisse mirentur.*

si évidente, de cet argumennt sans replique par où l'on prétend démontrer invinciblement la spiritualité de l'ame; cette discussion trouvera sa place dans la suite de ce Traité; mon dessein a été seulement de rappeller à mes Lecteurs ce que l'on pense aujourd'hui de cette substance. Ainsi comme j'entreprens de faire connoître dans ce Chapitre quelle premiere notion les Hommes en ont eue, en rapprochant ces deux extrémités, je prétens montrer la différence étonnante qui se trouve entre les idées qu'on s'est formées en divers tems d'une même chose.

Aujourd'hui on entend généralement par le mot d'Ame une substance immatérielle tellement unie au corps, que les mouvemens de l'un sont nécessairement suivis des mouvemens de l'autre. Les Anciens s'en étoient formé une idée assez différente. Examinons donc les divers degrés par où l'Ame a passé, avant que de se spiritualiser dans l'esprit des hommes.

Dans sa premiere origine le mot d'Ame ne signifioit que la respiration animale, autrement l'air que nous respirons, & qui est le principe de notre vie. On entendit ensuite par ce terme une matiere subtile & déliée, distinguée de ce corps grossier qu'elle animoit, & pouvant subsister après la dissolution de ses organes ; c'est-à-dire pouvant passer dans un autre corps, & l'animer de même qu'elle avoit animé celui qu'elle quittoit, ou bien être reçue dans un lieu, où elle subsisteroit sans être unie à aucun corps. Enfin on a spiritualisé l'ame, & on en a fait une substance d'une nature absolument différente du corps; mais elle n'est arrivée à ce point que lentement. Combien n'a-t'il pas fallu de siécles, pour accoutumer les hommes à une idée dont ils sont si éloignés par leur maniere naturelle & ordinaire de penser !

Dans notre Langue, & dans la plûpart des Langues vivantes, les termes d'Ame &

d'Esprit ne sont point équivoques, sur-tout depuis que la Philosophie moderne a été introduite : on entend présentement par ces mots un être absolument immatériel. Il n'en étoit pas ainsi du tems de nos Peres. Les Langues anciennes qui nous ont fourni ces termes, ne nous ont point communiqué l'idée qui y étoit alors attachée ; ces mots ne signifioient autre chose dans leur origine, que souffle & vent : c'est la premiere idée que les Anciens ont eue de l'Ame & de l'Esprit ; respirer, & être animé, étoient pour eux une même chose. Les termes de ψυχὴ & de πνεῦμα (a), dont on s'est

(a) Ψυχὴ vient de Ψύχω, qui signifie *spiro* ou *refrigero, je souffle, je rafraîchis.* Aussi Chrysippe dit-il dans Plutarque, *De Stoïc. repug.* que l'ame n'a été appellée de ce nom Ψυχὴ, que *à refrigeratione.* ὅθεν οὐκ ἀπὸ τρόπου τὴν Ψυχὴν ὠνομάσθαι παρὰ τὴν ψῦξιν.

A l'égard de πνεῦμα, il vient de πνέω, qui signifie *flo, spiro, je souffle*, & se prend ordinairement pour le vent : comme Aristote, *De Mundo*, nous l'apprend en ces termes : Ἄνεμος οὐδέν ἐστι

ſervi dans la Langue Grecque pour déſigner l'Ame & l'Eſprit, veulent dire ſimplement *la reſpiration* & le *ſouffle*; & ceux de *ſpiritus*, *animus*, *anima*, ne ſignifient autre choſe en Latin que *ſouffle* & *vent* (*a*). Les Auteurs Sacrés n'ont pas même d'autres termes dans la Langue Hébraïque pour déſigner l'Eſprit de Dieu, que celui dont ils ſe ſervent pour exprimer le vent & le ſouffle.

Il n'eſt pas ſurprenant que les Juifs ayent confondu l'eſprit avec le corps, puiſque, comme nous le verrons dans la ſuite, il ne paroît pas que les premiers Ecrivains de cette Nation ayent eu aucune idée d'une ſubſtance purement ſpirituelle. Mais on ne peut

πλὴν ἀὴρ πολὺς ῥέων καὶ ἀθρόος, ὅστις ἅμα καὶ πνεῦμα λέγεται; & le même Philoſophe, *Politic. lib.* 4. ſe ſert du même terme pour ſignifier les différens vents: Τῶν πνευμάτων, dit-il, λέγεται τὰ μὲν Βόρεια, τὰ δὲ Νότια.

(*b*) *Alii ventum, undè anima, vel animus, nomen accepit; quòd Græcè ventus ἄνεμος dicitur.* Lactant. *De Opif. Dei*, *cap.* 17.

s'empêcher d'être étonné, que les Grecs & les Romains qui ont tant raisonné sur la nature de l'ame, n'ayent eu dans leurs Langues aucun terme particulier pour la désigner. Or delà je prétens être en droit de conclure, que ni les anciens Grecs, ni les anciens Latins, n'ont eu aucune notion de l'être immatériel, puisque dans leurs Langues, quoique très-fécondes & très-abondantes, il ne se trouve aucun terme pour l'exprimer; & voici comment je raisonne.

Dans l'origine des Langues, les hommes ont désigné par des noms propres & particuliers toutes les choses, dont ils avoient quelque notion: or il ne se trouve point de Langue ancienne, où l'être immatériel soit exprimé par un terme particulier; donc les Anciens n'avoient aucune notion de l'être immatériel.

On dira peut-être, que les Anciens n'ayant point d'idée claire de l'Esprit, ne pouvoient le désigner que métaphoriquement. Mais raisonner de la sorte, c'est confondre l'idée de l'esprit avec la notion de l'esprit. Il suffit d'avoir la notion d'une chose, pour pouvoir désigner cette chose par quelque terme; mais il n'y a aucun rapport d'idée entre un nom & la chose indiquée par ce nom. D'ailleurs n'avons-nous pas aujourd'hui dans nos Langues vivantes des termes particuliers pour exprimer l'Esprit & l'Ame, sans avoir cependant une idée beaucoup plus claire &plus distincte que les Anciens, ni de l'ame, ni de l'esprit? Ces mots, comme je l'ai déja dit, ne signifient proprement parmi nous qu'un être spirituel & immatériel. Il est vrai que nous nous en servons quelquefois pour désigner un corps très-subtil: nous disons, par exemple, *esprit de vin*, *esprit de nitre*, *esprits animaux*, *&c.* Mais ces expressions sont métaphoriques dans notre Langue; & parmi nous la premiere & véritable signification du mot *esprit* est l'être immatériel, au-lieu que chez les Anciens c'étoit tout le contraire. Dans leurs Langues la matiere étoit la signification propre de ce terme ; & s'ils s'en servoient quelquefois pour désigner l'être immatériel, ce n'étoit que métaphoriquement. Or d'où vient cette différence entre les Langues anciennes & les Langues modernes ? De ce que la notion de l'esprit, ou de l'être immatériel, est postérieure aux premieres, & antérieure aux autres.

Lorsque Platon introduisit la spiritualité dans la nature de l'ame, il fut obligé de se servir des termes de sa Langue qui étoient déjà en usage, & qui pouvoient le mieux exprimer la chose qu'il vouloit indiquer. Les Latins en ont usé de même ; & aujourd'hui nos Missionnaires obligés de pratiquer la même chose parmi les Sauvages, à qui ils veulent donner quelque notion d'un être immatériel, sont contraints de s'assujettir à des mots de leurs Langues, qui jusqu'alors avoient désigné quelque chose de corporel. Mais nos Langues modernes ayant trouvé la notion de l'esprit déjà établie avant leur naissance, ont pû fournir des termes qui n'eussent point d'autre signification propre, que celle de l'être immatériel, quoique dans les Langues anciennes dont ces mêmes termes étoient empruntés, ils eussent un sens très-différent, & s'appliquassent proprement à la matiere. Concluons donc que la premiere idée que les hommes ont eue de l'ame, est celle d'un être matériel.

## CHAPITRE II.

*Origine de l'immortalité de l'ame.*

PAR l'antiquité de l'opinion de l'immortalité de l'ame, on voit que les hommes en ont fait de bonne heure une substance distincte du corps qu'elle animoit, & capable d'exister par elle-même. Il ne faut cependant pas confondre cette immortalité qu'ils lui ont attribuée, avec sa spiritualité, puisque, comme nous le verrons, on la croyoit immortelle long-tems avant que de penser qu'elle fût spirituelle. On doit encore moins confondre le tems auquel on a commencé de la croire spirituelle, avec celui que les Philosophes ont rendu si célebre par leurs disputes sur son immortalité, puisque les Egyptiens, les Chaldéens & plusieurs autres Peuples la croyoient immortelle long-tems avant que Phérécyde,

Pythagore & Thalès s'avisassent de dogmatiser sur cette matiere.

Quoique nous trouvions chez les Anciens la doctrine de l'immortalité de l'ame établie en même tems en différens endroits de la terre, cependant avec un peu d'attention il ne nous sera pas difficile de démêler à peu près quel Peuple a eu le premier cette opinion, & de fixer au moins le lieu de son origine, si nous ne pouvons en fixer précisément le tems. Les Egyptiens, les Mages, les Chaldéens, les Gaulois & les Thraces, sont ceux chez qui ce sentiment paroît avoir la plus grande antiquité; pour les Grecs, ils conviennent eux-mêmes qu'ils l'ont reçu des Egyptiens: c'est pourquoi nous allons examiner de quelle maniere il a pu s'établir chez chacun de ces Peuples en particulier.

Les Thraces sont fameux entre les Anciens par la certitude avec laquelle ils ont crû l'ame immortelle. Ces Peuples pleuroient à la naiſſance de leurs enfans, & ſe réjouiſſoient à la mort de leurs proches : c'étoit auſſi un uſage établi parmi eux pour les femmes, de ſe brûler toutes vives avec les corps de leurs maris (*a*). Or ces coutumes biſarres & cruelles n'étoient fondées que ſur

(*a*) *Edito puero, propinqui eum circumſidentes comploratione proſequuntur, ob ea mala, quæ neceſſe eſt illi, quòd vitam ingreſſus ſit, perpeti: hominem verò fato functum per luſum atque lætitiam terræ mandant, referentes quot malis liberatus in omni ſit felicitate. Singuli plures uxores habent, quorum ubi quis deceſſit, diſceptatio magna fit inter uxores, quænam dilecta fuerit à marito præcipuè. Quæ talis judicata eſt, ea à viris ac mulieribus exornata ad tumulum à ſuo propinquiſſimo mactatur, unàque cum viro humatur, cæteris id ſibi pro ingenti calamitate ducentibus.* Herodot. *lib.* 5. & Solin, *ch.* 10. *Concordant omnes ad interitum voluntarium, dum nonnulli eorum putant obeuntium animas reverti, alii non extingui, ſed beatas magis fieri. Apud plurimos luctuoſa ſunt puerperia: denique recens natum fletu parens excipit; contraversùm læta ſunt funera, adeò ut exemtos gaudiis proſequantur. Fœminæ inſiliunt defunctorum rogos conjugum, & quod maximum inſigne ducunt caſtitatis, præcipites in flammas eunt.* Vid. Valer. Max. *lib.* 2. *cap.* 6. & Mel. *lib.* 2. *cap.* 2.

l'opinion

l'opinion de l'Immortalité ; & cette opinion leur avoit été inspirée par Zamolxis, leur Légiſlateur. Hérodote nous apprend (*a*) qu'il avoit enſeigné à ces Peuples, qu'au ſortir de cette vie ils iroient dans un lieu, où ils jouiroient de toutes ſortes de biens ; que pour faire recevoir ſa doctrine avec plus de reſpect, il s'étoit caché pendant trois ans dans un lieu ſoûterrain, & qu'au bout de ce terme il s'étoit fait revoir, comme

(*a*) *Zamolxis hic homo fuit, Samique ſervitutem ſervivit Pythagoræ Mneſarchi filio. Illinc nactus libertatem ; in Patriam rediit. Qui cùm animadverteret Thraces malè viventes & inſcitè, ipſe edoctus Ionicum vivendi genus & mores liberaliores, domicilium extruxit, in quod primos quoſque popularium in convivium accipiebat, & inter convivandum docebat, neque ſe, neque ſuos convivas, nec eos qui ex ipſis in omne tempus naſcerentur, interituros ; ſed in eum locum ituros, ubi ſuperſtites omnium bonorum compotes eſſent. Dum ea ageret atque diceret, interim ſubterraneum ædificium ſtruebat : quo prorſus abſoluto, è Thracum conſpectu ſe ſubducit, deſcendens in illud ſubterraneum ædificium ; ubi circiter triennium egit, deſiderantibus eum Thracibus. Quarto anno ſe eiſdem in conſpectum dedit ; atque ita credibilia ſunt effecta, quæ illis expoſuerat.* Herodot. *lib.* 4.

un homme qui auroit eu commerce avec les Dieux. Diodore de Sicile rapporte (*a*) qu'il avoit assûré les Thraces, que la Déesse Vesta lui avoit dicté ses loix. Or, selon Hérodote (*b*), Zamolxis avoit été esclave de Pythagore ; & Diogene Laërce ajoute qu'il avoit été son disciple (*c*). Ainsi il faut chercher ailleurs que chez les Thraces l'origine de l'opinion de l'immortalité de l'ame.

Les Gaulois ne se sont pas rendus moins célebres que les Thraces, par le mépris que leur inspiroit pour la mort l'espérance qu'ils avoient conçue de l'immortalité. Les Druides qui étoient tout ensemble leurs Philosophes, leurs Législateurs & leurs Prêtres,

(*a*) *Apud Arismaspos Zatraustes bonum genium, apud Getas Zamolxis communem Vestam, legum auctorem suarum finxisse perhibentur.* Diodor. *lib.* I.

(*b*) Voyez page précédente, Note (*a*).

(*c*) *Habuit* (Pythagoras) *servum Zamolxim, quem Getæ Deum faciunt, Saturnum, ut ait Herodotus, existimantes.* Diog. Laert. *in Pythag.*

avoient établi cette opinion parmi eux, afin de les rendre plus vertueux & plus braves (*a*). Ils n'avoient pas été trompés dans leur attente. Les Gaulois affrontoient les plus grands périls, & ne craignoient point d'exposer une vie, qu'ils croyoient devoir être suivie d'une autre (*b*). Cependant il ne paroît point qu'une opinion si fortement établie parmi ces Peuples, eût chez eux une

(*a*) *Inprimis hoc volunt persuadere, non interire animas, sed ab aliis post mortem transire ad alios; atque hoc maximè ad virtutem excitari putant, metu mortis neglecto.* Cæs. de Bel. Gal. *lib. 6. &* Mela, *lib. 3. cap.* 1. *Unum ex iis, quæ præcipiunt, in vulgus effluit, videlicet ut forent ad bella meliores, æternas esse animas, vitamque alteram ad manes. Itaque cùm mortuos cremant ac defodiunt, apta viventibus olim negotiorum ratio, etiam & exactio crediti deferebatur ad inferos.* Vid. Val. Max. *lib.* 5. Diodor. *lib.* 6. Strab. *lib.* 4.

(*a*) . . . . . . Vobis auctoribus, umbræ
Non tacitas Erebi sedes, Ditisque profundi
Pallida regna petunt. Regit idem spiritus
artus

origine fort ancienne. César est le premier qui en ait parlé ; & quoique les Gaulois fussent connus long-tems avant lui par les fréquentes irruptions qu'ils avoient faites dans l'Italie & dans la Grece, il n'étoit point encore question qu'ils crussent l'ame immortelle. Les Anciens ne les avoient jamais regardés que comme des barbares & des brutaux. Ce fut donc le commerce que les Druides eurent avec les Grecs, qui avoient envoyé plusieurs Colonies sur les côtes de la Gaule, qui leur apprit une chose que ces Philosophes employerent depuis fort utilement pour le gouvernement de leurs peuples. Justin est positif sur cet article. » Les

Orbe alio : longæ, canitis si cognita, vitæ
Mors media est . . . . . . . ,
. . . . . . . . . . . Inde ruendi
In ferrum mens prona viris, animæque capaces
Mortis, & ignavum rediture parcere vitæ.
Lucan. *De Bel. Civ.* lib. 1.

» habitans de Marſeille enſeignerent, dit-» il (a), aux Gaulois une maniere de vivre » raiſonnable : ils leur apprirent à cultiver » la terre, à s'aſſujettir à des loix ; & ils » métamorphoſerent tellement ces hommes » ſauvages & féroces, qu'il ſembloit que » les Gaulois euſſent été tranſportés en » Grece, plutôt que les Grecs dans les » Gaules. «

Comme les Chaldéens & les Mages étoient extrêmement voiſins, il eſt inutile d'examiner ſéparément ce qui les regarde. Ceux-ci étoient des Prêtres & des Philoſophes de Perſe, ceux-là des Prêtres Babyloniens. L'opinion de l'immortalité de l'ame étoit ſi ancienne chez les Chaldéens, qu'ils en

(a) *Ab his Galli & uſum vitæ cultioris, depoſitâ & manſuefactâ barbariâ, & agrorum cultus, & urbes mœnibus cingere didicerunt. Tunc & legibus, non armis vivere . . . . conſueverunt ; adeòque magnus, & hominibus, & rebus impoſitus eſt nitor, ut non Græcia in Galliam emigraſſe, ſed Gallia in Græciam tranſlata videretur.* Juſtin. *lib.* 43. *cap.* 4.

ont disputé aux Egyptiens l'honneur de l'invention : quelques-uns même la leur ont attribuée. Cependant on sçait qu'ils étoient redevables à l'Egypte de toutes leurs connoissances & de toute leur Philosophie. Belus avoit conduit autrefois une Colonie d'Egyptiens sur les bords de l'Euphrate, & avoit établi dans ce pays les Prêtres Chaldéens, à l'imitation de ceux d'Egypte (*a*). De-là venoit cette grande conformité d'usages qui se remarquoit entre les uns & les autres ; même goût pour l'observation des Astres, même soin d'écrire leurs annales. Comme ils avoient formé un même peuple, une origine commune les entretint dans un commerce & dans une liaison continuelle. Ainsi quand même l'opinion de l'immortalité de

(*a*) *In Babylonem Belus coloniam duxit, & delectâ apud Euphratem sede, Flamines, pro more Ægyptiorum, impensis & oneribus publicis exemtos instituit, quos Chaldæos Babylonii nominant. Hi stellas, Sacerdotum in Ægypto, Physicorumque & Astrologorum exemplo, observant.* Diodor. *lib.* 1.

l'ame n'eût pas encore été établie chez les Egyptiens, lorsqu'ils passerent en Chaldée, une doctrine aussi intéressante ne pouvoit manquer de se communiquer des uns aux autres bientôt après son origine. C'est pour cette raison qu'elle se trouve si ancienne chez les Chaldéens; & c'est ce qui a donné lieu à quelques-uns de croire qu'ils en étoient les inventeurs.

Les Chaldéens avoient instruit les Mages, leurs voisins, de ce qu'ils avoient appris eux-mêmes; & ceux-ci, conjointement avec les Grecs, répandirent dans la suite parmi les Gymnosophistes une opinion qui subsiste encore aujourd'hui chez eux. Mais ce passage de la doctrine de l'immortalité de l'ame dans les Indes arriva plus tard. Il paroît même que les Gymnosophistes n'en avoient encore aucune connoissance du tems d'Alexandre: car ce Prince ayant demandé à un des plus considérables d'entr'eux, lesquels étoient en plus grand nombre, des morts ou des vivans, celui-ci répondit que le nombre des vivans ſurpaſſoit certainement celui des morts, puiſque les morts n'étoient plus rien (*a*). Or on conçoit qu'un homme perſuadé de l'immortalité n'eût pû faire cette réponſe. Quoi qu'il en ſoit, il ne reſte dans l'Antiquité aucun veſtige, qui prouve que ces Philoſophes ayent crû l'ame immortelle avant le commerce qu'ils eurent avec les Grecs.

Après ce que nous venons de dire, il ne nous ſera pas difficile de nous perſuader que les Egyptiens ont été les premiers qui ayent ſoutenu l'immortalité de l'ame. Le plus ancien des Hiſtoriens l'aſſûre ainſi (*b*); & c'eſt

(*a*) Ex Gymnoſophiſtis, *qui plurimùm fatigaverant Macedonas, decem acres ad reſpondendum & contractos habitos cepit. His quæſtiones obſcuras poſuit, mortem denuntians primo, qui parùm aptè reſpondiſſet. Primus interrogatus, vivoſne plures eſſe, an mortuos cenſeret, vivos ait; nec enim jam eſſe eos, qui mortui ſunt.* Plutarch. *in Alexand.*

(*b*) *Hi* (Ægyptii) *primi extiterunt, qui dicerent animam hominis eſſe immortalem.* Herodot. *lib.* 2.

l'opinion la plus commune & la mieux établie dans l'Antiquité. Les Egyptiens ont été pendant plusieurs siécles les plus illustres de tous les Peuples : ils ont eu parmi leurs Rois des Conquérans d'une grande partie du monde ; & parmi leurs Sages, des hommes qu'on venoit entendre des extrémités de la terre. C'est en Egypte qu'Orphée, Musée, Dédale, Homere, Lycurgue, Solon, Pythagore, Platon, Démocrite, & tant d'autres, ont puisé tout ce qui dans la suite les a rendus si célebres (*a*). Les Egyptiens sont les inventeurs de la Mythologie : ils sont les auteurs de toutes les opinions diverses qui se sont répandues parmi les hommes sur les Dieux ; sur les Etres subordonnés à la Divinité, tels que les bons & les mauvais Démons, gardiens de tout ce qui existe dans l'Univers ; sur les Héros, les Génies, &c. En un mot ils sont les Peres de toute la

(*a*) Voyez Diodore, *liv.* 1.

Philoſophie (*a*), ainſi qu'un Grammairien célebre les a nommés ; & quelque forte prévention que les Grecs euſſent pour eux-mêmes, ils ont été obligés de reconnoître qu'ils tenoient d'eux les Arts & les Sciences, qu'ils enſeignerent depuis au reſte du monde.

Il ne ſera pas auſſi facile de fixer le tems auquel on a commencé de croire l'ame immortelle, qu'il l'a été de découvrir les auteurs de cette opinion. Nous voyons que les hommes en étoient déja perſuadés, avant que les plus anciens Ouvrages qui nous reſtent de l'Antiquité euſſent paru. Homere en parle, comme d'une doctrine établie dès le tems de la guerre de Troye. Patrocle, ſelon ce Poëte, apparoît à ſon ami Achille, & le prie de faire brûler ſon corps (*b*). Il fait auſſi deſcendre Ulyſſe aux Enfers, où il lie con-

(*a*) *Omnium Philoſophiæ diſciplinarum parentes.* Macrob. *Saturn. cap.* 19.

(*b*) Οὐ γὰρ ἔτ᾽ αὖτις
Νίσσομαι ἐξ Ἀΐδαο, ἐπήν με πυρὸς λελάχητε.
Homer. *Iliad. lib.* 23.

versation avec les morts qu'il avoit connus (*a*). Peut être les Grecs n'avoient-ils encore aucune connoissance de cette opinion au tems qu'Homere la leur attribue; mais au moins ne peut-on douter que ce Poëte lui-même n'en fût instruit. Les Prêtres d'Egypte montroient écrit dans leurs annales, qu'il avoit passé autrefois dans leurs Pays pour s'informer de leurs opinions (*b*). Il avoit par conséquent appris d'eux une doctrine qui pouvoit être encore ignorée dans sa nation. Hésiode qui vivoit peu de tems après Homere, parle fort au long des Démons & des Héros (*c*), qui n'étoient autre chose, selon lui, que les ames des premiers hommes que la mort

(*a*) *Odyss. lib.* 11.
(*b*) Voyez Diodore, *liv.* 11.
(*c*) Αὐτὰρ ἐπεί κεν τοῦτο γένος κατὰ γαῖα κάλυψεν,
Τοὶ μὲν Δαίμονές εἰσι, Διὸς μεγάλου διὰ βουλὰς,
Ἐσθλοὶ, ἐπιχθόνιοι, φύλακες θνητῶν ἀνθρώπων.
Hesiod. *Oper. & dies, lib.* 1.

avoit enlevés : par où il paroît, que du tems de ce Poëte cette doctrine commençoit déja à être assez connue. Si nous avions les Ouvrages d'Oribantius de Trézene, qui avoit écrit l'Histoire de sa Patrie ; de Darés de Phrygie, qui avoit composé une Iliade ; de Mélisandre de Milet, qui avoit décrit les combats des Centaures & des Lapithes (a), & des autres qui ont vécu avant Homere, nous pourrions remonter plus haut dans la recherche que nous faisons du tems précis, auquel on a commencé de croire l'immortalité de l'ame. Après tout il nous faudroit des Auteurs Egyptiens, & même du tems florissant de leur Empire, si nous voulions en avoir de contemporains à l'établissement de cette opinin.

En effet je dis que l'Egypte devoit être déja un Etat considérable, lorsque la doctrine de l'immortalité de l'ame y fut intro-

(a) Au sujet de ces trois Auteurs, voyez Elien, *Var. Hist. lib.* 11. *cap.* 2.

duite. Les Hiſtoires nous apprennent plu- ſieurs uſages obſervés par les anciens Egyptiens, dont l'origine doit avoir été antérieure à cette opinion ; par exemple, de mettre dans les feſtins un Squelete au bout de la table, pour s'exciter à la joie & au plaiſir (a); d'embaumer les corps morts avec tant de ſoin, & ſurtout de ſe bâtir des tombeaux ſuperbes, tandis qu'ils négligeoient d'orner leurs propres maiſons. La raiſon qu'ils donnoient de cette derniere coutume, ne pouvoit abſolument s'accorder avec l'opinion de l'immortalité de l'ame, puiſqu'ils ne juſtifioient cet uſage bizarre, qu'en diſant que leurs maiſons n'étoient que des demeures paſſageres, au lieu que les Tombeaux

(a) *Apud locupletes eorum, cùm multi convenerunt, & à cœnâ diſceſſum eſt, circumfert aliquis in loculo mortuum è ligno factum, ſed picturâ & opere verum maximè imitantem; oſtendenſque ſingulis convivarum, ait : in hunc intuere, pota & oblectare, talis poſt mortem futurus.* Herodot. *lib.* 2.

étoient des demeures éternelles (*a*). Que si ces preuves ne paroissent pas convaincantes, au moins ne peut-on douter que les Juifs ne soient sortis d'Egypte, avant qu'on eût commencé d'y croire l'ame immortelle, puisque Moïse, nourri & élevé dans la Théologie la plus secrette du Pays, n'eût pas manqué d'établir cette doctrine parmi les Peuples de cette République naissante dont il étoit le chef. Or ce qui prouve qu'il n'en a eu nulle connoissance, est que dans tout le Pentateuque il n'est pas dit un seul mot, ni d'une autre vie, ni de l'état de l'âme après la mort; & que ce Législateur, qui

(a) *Regionis hujus incolæ tempus vitæ limitibus circumscriptum perexigui existimant: at quod celebrem à morte virtutis memoriam habiturum sit, illud pendunt maximi. Et domicilia viventium diversoria nominant, quòd exiguum ad tempus hæc incolamus: defunctorum verò sepulcra domos æternas appellant, quòd infinitum apud inferos ævum peragant. Quamobrem de structurâ domorum minùs sunt solliciti: in adornandis autem sepulcris eximiè nihil studii faciunt reliquum.* Diodor. *lib.* 1.

avoit affaire à un Peuple mutin & toujours prêt à se révolter, ne lui a jamais proposé que des peines ou des récompenses temporelles. Eût-il négligé de le tenir en bride par l'espérance ou la crainte des biens & des maux à venir, s'ils ne lui eussent pas été inconnus? Il semble même que les Juifs, d'ailleurs si soigneux de conserver les anciens usages & les anciennes opinions, n'ont été instruits de l'immortalité de l'ame qu'après leur retour de la captivité. Ce qu'il y a de certain, est que nous apprenons de Josephe, que cette opinion qui étoit établie chez les Chaldéens, ne s'introduisit dans sa Nation que peu de tems avant la naissance de Jesus-Christ (*a*).

Les Egyptiens ont été le premier Peuple policé de la terre. Les autres hommes vivoient encore dans la grossiereté & dans la barbarie, tandis que l'Egypte étoit déja gouvernée par des Rois sages, & que ses Habitans ob-

(*a*) Joseph. *De Bel. Jud. lib.* 2. *cap.* 8.

ſervoient des coutumes raiſonnables. Ainſi on ne doit point être étonné, qu'une doctrine auſſi utile au gouvernement que celle de l'immortalité de l'ame, ait pris naiſſance chez eux, puiſqu'alors ils étoient les ſeuls, auxquels l'établiſſement de cette opinion pût être de quelque uſage pour le bien de la ſociété. Si une République, diſent quelque Auteurs anciens (*a*), pouvoit n'être compoſée que d'hommes vertueux, toutes les inventions politiques de religion ſeroient inutiles. Mais parce que les hommes ſont ordinairement vicieux, il faut les tenir en bride par ce moyen. C'eſt, au rapport de Ciceron, ce qui a fait dire à quelques-uns, que la Religion n'a été inventée, que pour ſervir de frein à ceux que la raiſon n'étoit pas capable de retenir dans le devoir (*b*). Les

(*a*) Voyez entr'autres Polybe & Strabon.

(b) *Quid ii, qui dixerunt, totam de diis immortalibus opinionem fictam eſſe ab hominibus ſapientibus reipublicæ cauſâ, ut quos ratio non poſſet, eos ad officium religio duceret?* Cic. *De Nat. Deor. lib.* 2.

Légiſlateurs

Législateurs Egyptiens ayant donc jugé très-propre à contenir ces Peuples, une doctrine qui leur faisoit craindre des châtimens & espérer des récompenses après cette vie, l'établirent chez eux, par la même raison qui porta depuis Zamolxis & les Druides à la répandre chez les Thraces & chez les Gaulois. Peut-être ne se tromperoit-on pas trop en attribuant cette politique à Siphoas, ou Hermès, trente-cinquiéme Roi de Thebes, selon Eratosthene, & successeur de Meris. Il vivoit, selon le calcul du P. Pezron, plus de deux mille ans avant Jesus-Christ. La science extraordinaire qu'il possédoit lui mérita le nom de second Thot; & il a été connu des Grecs sous celui de Mercure Trismégiste. Ce Prince, disent les Historiens, fut un modéle de justice & de piété. A peine fut-il monté sur le Trône, qu'il entreprit de rétablir la pureté de la Religion parmi ses Sujets, & de rendre aux Loix morales leur ancienne vigueur. Les

Philoſophes Chymiſtes & les Cabaliſtes font leur Héros de ce ſecond Hermès. Je reviens à mon ſujet.

C'eſt pour nous conformer au ſentiment le plus généralement reçû dans l'Antiquité, que nous venons de dire que les Egyptiens ont été les premiers qui ayent crû l'ame immortelle, & que ce ſont eux qui ont communiqué cette doctrine aux autres Nations. Cependant comme cette opinion n'eſt fondée à l'égard de certains Peuples que ſur de fortes conjectures, & que nous manquons de preuves abſolument convaincantes pour nous aſſurer, par exemple, que les Chaldéens & les Indiens ayent reçû cette doctrine des Egyptiens, nous pouvons faire à ce ſujet une réflexion, qui ne ſera pas hors de propos. Les Grecs tenant des Egyptiens l'opinion de l'immortalité, ils n'ont peut-être pû ſe perſuader que d'autres Peuples qu'ils regardoient comme barbares, & parmi leſquels ils voyoient cette opinion établie, ne l'eussent pas puisée dans la même source. Les Romains qui furent instruits de cette doctrine par les Grecs, ayant adopté en même tems tout ce que ceux-ci racontoient des Egyptiens, les uns & les autres les ont célébrés à l'envi, comme les Peres & les seuls auteurs de ce dogme. Ainsi pour avoir enseigné aux Grecs l'opinion de l'immortalité, les Egyptiens ont été regardés comme ceux qui l'avoient répandue dans tout le reste du monde. Il est vrai que les Egyptiens étant le premier Peuple policé de la terre dont nous ayons quelque connoissance, il peut être arrivé, qu'ils ayent été les premiers à croire l'ame immortelle; mais il est aussi très-possible, que dans la suite d'autres Nations soient parvenues à la croire comme eux. La même politique qui a pu établir cette doctrine chez les uns, a pû l'introduire de même chez les autres, comme un sentiment que l'on a cru utile & avantageux au bien de la société. L'usage que les Brachmanes & les Bonzes font de l'opinion de l'immortalité de l'ame sur les esprits crédules des Indiens & des Chinois, autorise cette conjecture.

Mais s'il est vrai que la politique ait introduit le dogme de l'immortalité de l'ame parmi certains peuples, on peut dire que les hommes ont de leur côté beaucoup contribué à l'établissement de cette opinion, & que leur amour-propre a bien secondé en cela l'intention des Législateurs. La nature nous a imprimé une aversion si violente pour la destruction de notre être, que nous avons besoin d'un esprit bien philosophe pour envisager sa dissolution sans effroi. L'existence nous paroît quelque chose de si doux & de si naturel, que nous ne pouvons nous résoudre à y renoncer; & nous la croyons en même tems si essentielle à notre nature, que nous ne comprenons pas qu'il soit possible qu'un jour nous ne soyons plus. C'est par cette raison, que des hommes qui n'auroient jamais entendu parler de la mort, & qui jamais n'auroient vû mourir personne, se croiroient immortels: ils oublieroient qu'ils sont venus en ce monde; & ils s'imagineroient ne devoir jamais en sortir. Nous oublions de même que nous avons commencé d'être, & nous nous figurons devoir être toujours. A la vérité cette pensée, que nous avons commencé d'être, nous vient quelquefois dans l'esprit; mais nous ne nous y arrêtons pas, nous la rejettons: elle nous déplaît, elle nous fatigue, parce qu'elle nous conduit naturellement à conclure, que ce qui n'a pas toujours été, pourroit bien ne pas toujours être. Cependant en poussant cette crainte de notre destruction par-delà les bornes de la vie, on peut dire que nous abusons d'une chose, que la nature n'a mise en nous que pour la conservation de notre être (a).

(a) Cette pensée, prise ainsi dans un sens exclusif, est absolument fausse & insoutenable. On ne

C'eſt ainſi que les voluptueux abuſent d'un plaiſir, qu'elle ne leur a fait reſſentir que pour les exciter à ſatisfaire la néceſſité.

C'eſt donc l'amour-propre qui, du moins chez pluſieurs Peuples, a enfanté l'opinion de l'immortalité de l'ame; & il n'en faut point chercher la ſource ailleurs, que dans le cœur même de l'homme. Mais cette opinion eût toujours été un deſir inquiet & une croyance confuſe, plutôt qu'une véritable certitude, ſi d'habiles Légiſlateurs ne l'avoient canoniſée, pour ainſi dire, en l'éta-

doute point que le deſir de l'immortalité qui naît dans nous avec nous-mêmes, ne nous ſoit inſpiré par la nature, pour nous engager à veiller à notre conſervation; mais il n'eſt pas moins certain que ce ſentiment intérieur ſi naturel à tous les hommes, leur a été donné par le Créateur, comme un gage & une aſſurance, ou ſi l'on veut, comme un avertiſſement de leur immortalité future. Sçavoir ſi ſans le ſecours de la révélation, ce deſir naturel pourroit être pour tous les hommes une preuve certaine que jamais ils ne ceſſeront d'exiſter, c'eſt ce que je ne crois pas devoir entreprendre de décider.

bliſſant d'une maniere qui ne permît plus d'en douter. C'eſt ce que Zamolxis fit chez les Thraces, ce que les Druides pratiquerent chez les Gaulois, Pythagore & les autres Philoſophes chez les Grecs, les Chaldéens & les Mages chez les peuples d'Aſſyrie & de Perſe, les Gymnoſophiſtes chez les Indiens, & vraiſemblablement les anciens Prêtres & Rois d'Egypte chez les peuples qui leur étoient ſoumis. On peut ajouter que ces derniers ayant eu affaire à une Nation qui a toujours été fort crédule & fort ſuperſtitieuſe, il ne doit pas leur avoir été difficile de lui faire recevoir un dogme, à l'établiſſement duquel l'eſprit humain étoit déja naturellement très-porté.

On objectera ſans doute que de quelque façon que cette opinion ſe ſoit établie dans le monde, il eſt toujours conſtant, même par ce qui vient d'être rapporté, que ce ſentiment eſt de tous les tems & de toutes les Nations; ce qui forme, dit-on, un argument concluant en faveur de l'immortalité de l'ame. » Lorſqu'il s'agit de l'éternité de » nos ames, diſoit Séneque (a), le concert » unanime de toutes les Nations à craindre » après la mort un mauvais ſort, ou à eſ» pérer un jugement propice du Dieu qui » préſide aux Enfers, eſt une des plus for» tes raiſons pour perſuader qu'il y a une » autre vie. En cette matiere, le ſentiment » général eſt ce qui me détermine. «

En effet, ajoute-t'on, le témoignage conſtant de toutes les Nations n'eſt-il donc d'aucun poids ? Croira-t'on ſans peine, que dans tous les ſiécles tous les hommes de concert ſe ſoient accordés pour ſe laiſſer tromper & pour nous tromper, en ſoutenant que l'ame étoit immortelle ? Tant de grands hommes, qui ont embraſſé & dé-

(a) *Cùm de animarum æternitate diſſerimus, non leve momentum apud nos habet conſenſus hominum, aut timentium inferos, aut colentium. Utor hâc publicâ perſuaſione.* Senec.

fendu cette opinion, étoient-ils des sots ou des imposteurs? Pourquoi non? L'antiquité ou l'universalité d'un sentiment, le nombre ou la qualité de ceux qui le soutiennent, sont-ils donc toujours le sceau de la vérité? Si ce principe étoit une fois admis, que deviendroit le Christianisme? Est-il plus ancien que la Religion Juive, ou plus répandu que ne l'a été l'Idolâtrie pendant cinq à six mille ans? Compte-t'il au nombre de ses sectateurs de plus grands noms que ceux des Socrates, des Platons, des Aristotes, & de tant d'autres Philosophes célebres? Ces grands hommes, tout habiles & tout éclairés qu'ils étoient, ont donné dans des travers étonnans sur la nature de cet Univers, sur son origine & sur sa fin (a); ils ont eu sur la nature de son Auteur les opinions les plus puériles & les plus extravagantes (b)

(a) Voyez le Traité de l'*Opinion des Anciens sur le monde.*

(b) Voyez Ciceron dans son *Traité de la nature des Dieux.*

eſt il impoſſible qu'ils ſe ſoient trompés de même ſur ce qui regarde l'ame humaine ? La matiere étoit-elle moins obſcure, plus à leur portée, moins ſupérieure à toutes nos connoiſſances & à nos lumieres ?

Pour fortifier cette réponſe, qui d'ailleurs paroît ſans réplique, on pourroit ajouter, conformément à la penſée d'un Ecrivain célebre & très-ingénieux (a), que pour quiconque veut ſe garder de l'erreur, l'antiquité d'une opinion & ſon univerſalité eſt moins une preuve de ſon autenticité, qu'un juſte ſujet de la révoquer en doute, de la

(a) Le ſecond principe qui ſert beaucoup à nos erreurs, eſt le reſpect aveugle de l'Antiquité. Nos Peres l'ont crû : prétendrions-nous être plus ſages qu'eux ? Pour peu qu'une ſottiſe ſoit établie, ce principe la conſerve à jamais. Il nous défend de nous tirer d'erreur, parce que nous y avons été quelque tems. *Fontenelle, de l'origine des Fables.* Le témoignage de ceux qui croyent une choſe déja établie, n'a point de force pour l'appuyer ; mais le témoignage de ceux qui ne la croyent pas, a de la force pour la détruire. *Le même, Hiſt. des Oracles. Differt.* 1. *ch.* 8.

tenir pour ſuſpecte, & de ne point s'y attacher, qu'après l'avoir mûrement examinée ; que c'eſt un pitoyable & pernicieux argument que celui-ci, nos Peres l'ont cru ; qu'il reſſerre l'eſprit, favoriſe l'ignorance & l'erreur, & ne conclut rien dans le fond, ſinon que de tout tems l'homme a été la dupe de ſa crédulité ; que le nombre des ignorans & des ſots étant ſans contredit infiniment plus grand que celui des perſonnes ſages & éclairées, la vérité n'eſt pas ordinairement le partage du grand nombre (*a*) ; & que par conſéquent il n'y a point de ſentiment moins recevable, que celui qui n'a point de plus ſolide fondement, que l'autorité du tems & de la multitude.

Enfin, après ce qui vient d'être dit, il y

(*a*) *Grave etiam argumentum tibi videbatur, quòd opinio de Diis immortalibus & omnium eſſet, & quotidie creſceret. Places igitur tantas res opinione ſtultorum judicari, vobis præſertim, qui illos inſanos eſſe dicatis.* Cic. *de Nat. Deor. lib.* 3.

a du moins lieu de douter, que malgré son antiquité, l'opinion de l'immortalité de l'ame ait été de tous les siécles. On examinera dans la suite de ce Traité, s'il est vrai qu'elle ait été de tous les Peuples & de tous les hommes. Du reste on vient de voir qu'il n'est pas surprenant, qu'une opinion si flateuse pour l'homme ait enfin prévalû; que les Législateurs ont toujours favorisé ce dogme, dans la vue de contenir les méchans par la crainte des supplices inévitables pour eux dans une autre vie, & pour exciter les bons à la vertu par l'espoir d'une récompense certaine. On conçoit que les Ministres des Sectes intéressées à soûtenir cette doctrine, n'oublierent rien de leur côté pour l'accréditer & pour l'étendre. De-là sont venues ces descriptions de la vie heureuse proposée aux manes des bons dans l'Elysée, & des tourmens destinés à punir les méchans dans le Tartare; les roues des Ixions, les vautours des Tityes, les tonneaux des Danaïdes, les rochers des Sisyphes, &c. Les gens habiles & sensés étoient fort éloignés d'admettre des impostures si grossieres, comme nous le verrons dans la suite. Séneque lui-même, dont on cite le témoignage en faveur de l'immortalité, en étoit sans doute assez peu persuadé, puisqu'il établit ailleurs tout le contraire. C'est en écrivant à Martia, que ce Philosophe traitant du sort que tout homme doit attendre après la mort, (*a*) » Songez, Martia, dit-il, » que les morts ne sont sujets à aucune » peine; que les descriptions qui nous font

(*a*) *Cogita nullis defunctos malis affici; illa, quæ nobis inferos faciant terribiles, fabulam esse; nullas imminere mortuis tenebras, nec carcerem, nec flumina flagrantia igne, nec oblivionis amnem, nec tribunalia, & reos. Luserant ista Poëtæ, & variis nos agitavêre terroribus. Mors omnium dolorum & solutio est, & finis, ultra quam mala nostra non exeunt, quæ nos in illam tranquillitatem, in quâ, antequàm nasceremur, jacuimus, reponit. Si mortuorum aliquis miseretur, & non natorum misereatur.* Senec. *de Consol. ad Marc. cap.* 19.

» les enfers terribles, font de pures fables;
» qu'il ne s'y trouve point de ces lieux té-
» nébreux, où les morts foient emprifonnés
» & retenus, point de ces fleuves de feu où
» ils foient tourmentés, point d'autres dont
» la boiffon leur faffe perdre le fouvenir de
» ce qu'ils ont vu ou entendu dans cette
» vie, point de tribunaux où ils paroiffent
» en criminels, & où leurs actions foient
» jugées. Ces chimeres font un jeu de l'i-
» magination des Poëtes, qui ont cherché
» par-là à nous allarmer. La mort finit tou-
» tes nos peines; & au-delà il ne nous refte
» rien à fouffrir : elle nous rend à cette pro-
» fonde tranquillité, dans laquelle nous
» étions mollement étendus avant que nous
» viffions le jour. S'il fe trouve quelqu'un
» affez foible pour plaindre le fort de ceux
» qui ont ceffé de vivre, il peut avoir la
» même compaffion pour ceux qui font en-
» core à naître. «

## CHAPITRE III.

*Opinions des Anciens sur l'état de l'ame après cette vie.*

APRES avoir fait connoître les premiers Sectateurs de l'immortalité de l'ame, il faut à présent expliquer ce qu'ils entendoient par cette immortalité ; c'est-à-dire, qu'il faut examiner ce qu'ils pensoient sur l'état de l'ame au sortir de cette vie. Quoiqu'ils convinssent tous qu'elle étoit immortelle, ils avoient cependant des opinions fort différentes sur ce qu'elle devenoit après sa séparation d'avec le corps. Les uns la faisoient aller dans un lieu, où elle étoit récompensée ou punie selon ses mérites ; d'autres prétendoient qu'elle passoit dans d'autres corps, pour y recommencer une nouvelle vie : c'est ce qu'on a appellé la Métempsycose. Quelques-uns l'envoyoient seulement dans des corps humains; d'autres dans des corps d'hommes & de bêtes indifféremment. Enfin on peut dire que l'opinion des Anciens a toujours été très-peu uniforme sur cet article, & que les Philosophes & les Poëtes ont donné à l'envi carriere à leur imagination, pour diversifier & embellir cette matiere.

La Métempsycose étoit pourtant ce qu'il y avoit de plus généralement reçu dans les premiers tems. Comme les Egyptiens la croyoient (a), il n'est point étonnant que ce fût d'abord le sentiment commun, puisque, comme on l'a vu, ces peuples avoient communiqué au reste du monde l'opinion de l'immortalité. A la vérité ce sentiment avoit varié selon le génie différent des hom-

(a) *Hi* (Ægyptii) *primi extiterunt, qui dicerent animam hominis esse immortalem, quæ de mortuo corpore subindè in aliud atque aliud corpus, ut quodque nasceretur, immigraret.* Herodot. lib. 2.

mes

mes; mais le fond de la doctrine étoit partout le même, & pourvû qu'on soutînt en général que l'ame passoit d'un corps dans un autre, on ne croyoit point s'en écarter. Tous ceux qui nous apprennent que les Gaulois croyoient l'ame immortelle, nous disent en même tems qu'ils admettoient la Métempsycose (*a*). Mela assûre que parmi les Thraces, plusieurs soutenoient ce sentiment (*b*). On sçait que les Indiens ont été & sont encore grands partisans de cette opinion, & qu'elle s'est répandue dans la suite jusques dans la Chine & aux extrémités du monde. Pythagore l'avoit rendue célebre dans la Grece & en Italie (*c*); & elle s'est conservée des Sectateurs illustres parmi les

(*a*) Voyez pag. 19. Note (*a*).

(*b*) *Quidam feri sunt, & ad mortem paratissimi,* Getæ *utique. Id varia opinio perficit. Alii redituras putant animas obeuntium; alii, etsi non redeant, non extingui tamen, sed ad beatiora transire.* Mela, *lib.* 2. cap. 2.

(*c*) Voyez Ovide dans ses *Métamorphoses*, *liv.* 15.

Grecs même après l'établissement du Platonisme.

Hérodote attribue aux Egyptiens une espece de Métempsycose, assez singuliere. Ils soutenoient, selon cet Historien (a), que l'ame parcouroit successivement toutes les especes d'animaux de la terre, de l'air & des eaux, après quoi elle retournoit dans un corps humain ; & ils ajoutoient qu'il falloit trois mille ans, pour achever cette révolution. Les Egyptiens avoient un extrême respect pour un grand nombre d'animaux ; & ils ne pouvoient regarder que comme un insigne bonheur, de passer, par exemple, dans le corps d'un chien, d'un chat,

(a) *Hi* [Ægyptii] *primi extiterunt, qui dicerent animam hominis esse immortalem, quæ de mortuo corpore subindè in aliud atque aliud corpus, ut quodque gigneretur, immigraret ; atque ubi per omnia se circumtulisset, terrestria, marina, volucria, rursùs in aliquod hominis corpus genitum introire : atque hunc ab eâ circuitum fieri intra annorum tria millia.* Herodot. *lib.* 2.

d'un loup, d'un crocodile, &c. Cependant comme Hérodote est le seul qui rapporte ce fait, & que tous les autres Historiens, comme Diodore (*a*), ne leur attribuent point d'autre opinion sur ce sujet, que celle de Pythagore, sans faire aucune mention de cette singularité, il y a lieu de croire que ce sentiment étoit particulier seulement à quelques-uns d'entr'eux. On y remarque en effet un peu trop de subtilité & de raffinement, pour qu'il ait été l'opinion générale de la Nation.

On croyoit donc communément, que les ames passoient après la mort dans des corps, soit d'hommes, soit d'animaux, pour y être punies ou récompensées selon leurs mérites précédens, par la vie heureuse ou malheureuse qu'elles alloient mener dans ces nou-

(*a*) Πυθαγόραν τε τὴν εἰς πᾶν ζῶον τῆς ψυχῆς μεταβολὴν μαθεῖν παρ' Αἰγυπτίων. Diodor. *lib.* 1.

veaux corps. Pour décider de ces récompenses ou de ces peines, Pythagore ne manqua pas avec sa Métempsycose d'établir aussi le jugement des ames d'abord après la mort, comme une chose qu'il jugea très-capable de contenir les méchans, & de détourner les hommes du vice. Le Poëte Claudien nous traçant une peinture de ce jugement, dit (a) que le Juge des Enfers envoie les ames des hommes vicieux & pervers dans les corps des bêtes, dont ils ont eu les inclinations pen-

(a) Nam juxtà Rhadamantus agit. Cùm gesta superni
Curriculi, totosque diù prospexerit actus:
Exæquat pœnam meritis, & muta ferarum
Cogit vincla pati. Truculentos injicit ursis,
Prædonesque lupis; fallaces vulpibus addit.
At qui desidiâ semper vinoque gravatus,
Indulgens veneri, voluit torpescere luxu:
Hunc suis immundi pingues detrudit in artus.

dant leur vie, ou qui ont elles-mêmes des inclinations contraires. Ainsi, selon lui, les hommes cruels deviennent ours, les voleurs loups, les trompeurs renards: les intempérans passent dans le corps d'un pourceau; & les grands parleurs deviennent poissons.

Platon dans son Phédre, où il établit clairement la Métempsycose, n'envoie point les ames dans les corps des bêtes, mais seulement dans des corps humains; & il marque neuf différens états qui leur sont destinés, selon leurs vertus ou leurs vices. Je dirai en passant, pour faire connoître le génie de ce Philosophe, qu'il met au premier rang les Musiciens & les parfaits amants; & pour donner une idée de la maniere de pen-

Qui justo plus esse loquax, arcanaque suevit
Prodere, piscosas fertur victurus in undas,
Ut nimiam pensent æterna silentia vocem.

Claudian. *in Ruf. lib.* 2.

ser des Grecs sur la liberté, je dois ajouter, qu'il place les Tyrans au dernier : c'est-à-dire, qu'il reconnoît les premiers pour les plus vertueux, & les seconds pour les plus scélérats de tous les hommes.

L'opinion de ceux qui après la mort faisoient passer les ames dans un certain lieu, devint dans la suite la plus générale. Nous avons vû que les Thraces s'en étoient laissé persuader : les Grecs l'embrasserent aussi, & la communiquerent aux Romains, qui la répandirent par tout leur Empire. Ce lieu où les ames étoient reçues, n'est autre chose que le Tartare & les Champs-Elizées si fameux dans l'Antiquité. L'un étoit le séjour des criminels, l'autre la demeure des justes; & tous deux étoient compris sous le nom d'Enfers, qui signifie lieux bas & profonds. Hésiode assure que l'Enfer est autant au-dessous de la terre, que le Ciel est au-dessus (*a*);

(*a*) Hésiode ne croyoit pas sans doute, qu'il y eût des feux dans l'enfer : car il lui donne les épithetes de froid, d'obscur & sans jour.

& il ajoute, que si l'on jettoit une enclume du Ciel en terre, elle seroit dix jours à y arriver. C'étoit donc sous terre, & dans un lieu extrêmement bas, que les Anciens plaçoient le séjour des ames (*a*). Dans cette pensée, ils s'imaginoient que les gouffres & les trous profonds qu'on rencontroit en certains endroits de la terre, étoient autant d'ouvertures de l'enfer, & de chemins qui conduisoient dans ce lieu ténébreux. C'est pour cette raison, qu'on alloit consulter les ombres des morts proche du fleuve Achéron en Epire, & au Lac d'Averne en Italie (*b*) : c'est ce qui avoit fait croire, que la caverne

(*a*) *Aiebant regem hunc* (Rhampsinitum) *descendisse vivum sub terram, eò ubi Græci opinantur, sedes infernas esse.* Herodot. *lib.* 2.

(*b*) Diodore (*liv.* 4.) parle ainsi de cet oracle du Lac d'Averne : Μυθολογῦσι δὲ τὸ μὲν παλαιὸν γεγενῆσθαι νεκυομαντεῖον πρὸς αὐτῇ, ὃ τοῖς ὕστερον χρόνοις καταλελύσθαι φασιν ; & Strabon, *liv.* 6. *Qui nos ætate antecesserunt, Necyæ Homericæ fabulas Averno applicaverunt, atque adeò narrant, fuisse*

d'Achéruſe voiſine de la Ville d'Héraclée dans le Pont, & le fameux antre de Trophonius dans la Grece, avoient autrefois donné paſſage à des Héros, qui étoient deſcendus par-là aux enfers (*a*); & c'eſt ce qui faiſoit regarder comme des ſoupiraux du Tartare, l'Etna, le Véſuve & les autres montagnes enflammées.

C'eſt ici le lieu de parler d'une opinion des Anciens, qui a toujours paru aſſez difficile à expliquer. Ils croyoient que les ames de ceux qui n'étoient pas enterrés, demeuroient errantes ſur les bords du Stix, ſans pouvoir paſſer outre, ni être admiſes dans la ſociété des morts (*b*); & cette opinion leur

*ſe ibi oraculum, ubi vitâ defuncti reſponſa darent. Et Avernum pro loco Plutoni dicato deputabant, & Cimmerios ibi fuiſſe indicatum habitare.*

(*a*) Pomponius Mela (*liv. 1. ch. 19.*) parlant de la caverne d'Achéruſe, *juxtà* (Heracleam) dit-il, *ſpecus eſt Acheruſia, ad manes, ut aiunt, pervius; atque inde extractum Cerberum exiſtimant.*

(b) *Creditum eſt, inſepultos non antè ad inferos redigi, quàm juſta perceperint, ſecundùm Homericum*

inſpiroit un ſoin & une précaution extrême, pour ne point laiſſer les corps ſans ſépulture. Pour entendre la raiſon de cet uſage, il faut ſçavoir que les Anciens qui avoient partagé le monde entre les Dieux, ne recon-

*Patroclum, funus in ſomnis ab Achille flagitantem.* Tertul. *lib. de Animâ.* C'eſt auſſi ce que Virgile nous apprend au ſixiéme livre de ſon Enéide, lorſqu'il nous repréſente Enée trouvant à l'entrée des enfers Palinure ſon pilote, dont le corps s'étoit perdu dans les flots. Celui-ci le priant, ou de lui procurer la ſépulture, lorſqu'il ſera de retour ſur la terre, ou même de le tranſporter avec lui dans les Enfers:

Sedibus ut ſaltem placidis in morte quieſcam;

La Sibyle lui répond:

Undè hæc, ô Palinure, tibi tam dira cupido?
Tu Stygias inhumatus aquas amnemque ſeverum
Eumenidum aſpicies, ripamve injuſſus abibis?

Elle avoit dit auparavant à Enée:

Deſine fata Deûm flecti ſperare precando.
Nec ripas datur horrendas, & rauca fluenta
Tranſportare priùs, quàm ſedibus oſſa quierunt.

Voyez ſur le même ſujet Plutar. *Sympos. lib. 9. quæſt. 5.* Euripid. *in Troad.* & Sil. Ital. *Thebaïd. lib. 1.*

noissoient pour être du domaine de Pluton ; que ce qui étoit compris dans le sein de la terre. Ainsi ce Dieu ne pouvoit compter au nombre de ses Sujets ceux qui n'étoient point encore inhumés, parce que la terre ne les renfermoit point. Leurs ames n'avoient par conséquent aucune justice à attendre, & ne pouvoient être admises à son tribunal, jusqu'à ce que par la sépulture elles eussent acquis, pour ainsi dire, droit de bourgeoisie dans son Empire. Suivant cette doctrine, il eût été avantageux aux scélérats, qui n'avoient que des châtimens à craindre plutôt que des récompenses à espérer, de ne jamais être inhumés ; mais les Anciens qui laissoient pourrir les corps des criminels sur une croix, ne se piquoient pas de raisonner si conséquemment. Il est certain qu'ils regardoient la privation de la sépulture comme un si grand malheur, qu'ils ont quelquefois condamné à la mort leurs plus grands Généraux après une victoire remportée, pour avoir négligé de faire enterrer les corps de ceux de leurs Soldats, qui avoient péri dans le combat,

L'opinion où l'on étoit, que les ames de ceux qui demeuroient sans sépulture n'étoient point reçues dans l'Empire des morts, & que par conséquent elles n'étoient point retenues dans les Enfers, avoit donné lieu de croire, que ces ames usoient de leur liberté, & pouvoient apparoître à leurs amis, ou à qui bon leur sembloit. Patrocle, comme nous l'avons vû *(a)*, apparoissant à Achille pour le prier de faire brûler son corps, l'assure que dès qu'il lui aura rendu ce dernier devoir, il ne pourra plus se faire voir à lui comme auparavant. Platon parle en quelque endroit d'un homme assassiné, dont le meurtrier avoit caché le corps dans un coin de sa maison, & qui apparoissoit de même, parce qu'il n'étoit point inhumé.

Il nous reste plusieurs autres traits, qui

*(a)* Voyez le Chapitre précédent, *pag.* 26. Not. *(b)*

prouvent cette opinion des Anciens (*a*). Cependant on peut assurer, qu'ils étoient peu fixes dans leurs sentimens, & que pendant qu'ils assuroient une chose, la superstition les faisoit souvent agir comme s'ils eussent crû le contraire. Quoique selon leur Théologie ils dussent être persuadés que les ames, au moins celles dont les corps avoient été in-

(*a*) Suetone parlant de Caligula, dit que *cadaver ejus clam in hortos Lamianos asportatum, & tumultuario rogo semiambustum, levi cespite obrutum est: posteà per sorores ab exilio reversas erutum, crematum, sepultumque. Satis constat*, ajoute-t'il, *prius quàm id fieret, hortorum custodes umbris inquietatos.* Pline le jeune dans sa Lettre à Sura (*Ep. lib.7.*) fait une longue Histoire d'une maison, qui pendant long-tems resta déserte à Athenes, à cause d'un Revenant qui y apparoissoit. C'étoit, dit-il, un vieillard pâle, maigre & décharné, ayant les cheveux hérissés & la barbe longue. Le Philosophe Athénodore étant venu à Athenes, & ayant loué cette maison malgré la mauvaise réputation qu'elle avoit, suivit le Spectre, & remarqua l'endroit où il s'évanouissoit. Il en avertit les Magistrats: on fouilla dans ce lieu; on y trouva un Squelete à moitié pourri chargé de chaines; & on lui fit des funérailles publiques. Apres cela, dit Pline, *domus ritè conditis manibus caruit.*

humés, étoient retenues dans les Enfers, pour y jouir de la récompense dûe à leurs vertus, ou pour y recevoir la punition de leurs crimes, ils étoient souvent assez simples pour s'imaginer, qu'un imposteur ou un visionnaire eût le pouvoir de les en tirer, & de suspendre l'exécution de la sentence des Dieux (*a*). Ils croyoient follement que ces mêmes ames, qui, selon eux, étoient occupées ailleurs, s'amusoient à voltiger autour des tombeaux, où leurs corps étoient enfermés(*b*);& quelques-uns s'avisoient de passer la nuit le long de ces tombeaux, afin d'apprendre ce qui devoit leur arriver. C'est sur cette ri-

(*a*) C'est ainsi que dans Lucain (*De Bel. Civ. lib.* 6.) Sextus fils de Pompée s'adressant à une Magicienne de Thessalie nommée Erichto, pour sçavoir quel devoit être le sort de la guerre, lui dit :

> Vel tu parce Deis, & Manibus exprime verum:
> Elysias resera sedes, ipsamque vocatam,
> Quos petat è nobis, mortem tibi coge fateri.

(*b*) C'est ce que Platon enseigne dans le Phédon. Περὶ τὰ μνήματά τε, dit-il, καὶ τὰς τάφους καλινδουμένη.

dicule opinion qu'étoit fondé le bruit qui couroit parmi les Grecs, que dans les campagnes de Marathon, où étoient les tombeaux des Athéniens tués autrefois dans la bataille qui s'étoit donnée en ce lieu contre les Perses, on entendoit & l'on voyoit toutes les nuits des combattans fort animés les uns contre les autres, qui maltraitoient tous ceux qui venoient là par curiosité, sans faire aucun mal à ceux qui s'y rencontroient par hazard. Les premiers Chrétiens eux-mêmes n'ont pas été exemts de cette superstition, puisqu'un Concile ancien *(a)* a défendu sous peine d'anathême d'allumer des cierges dans les cimetieres pendant le jour, de peur, dit-il, d'effaroucher les ames des Saints.

Quoique Platon eût soutenu la Métempsy-

*(a)* C'est le Concile d'Elvire tenu en 305. sous l'Empire de Constance & de Galerius, vingt-ans avant le premier Concile de Nicée. Voici ses paroles, *cap.* 34. *Cereos per diem placuit in cæmeteriis non incendi : inquietandi enim spiritus sanctorum non sunt. Qui hæc non observaverint arceantur ab ecclesiæ communione.*

cosé dans son Phedre, comme nous l'avons dit plus haut, il ne laisse pas d'établir dans un autre de ses Dialogues un systême tout contraire; & ce dernier sentiment a été communément suivi par ceux qui ont embrassé sa doctrine. Il assure (*a*) donc, qu'au sortir de cette vie les ames des justes vont dans un lieu pur au dessus de la terre; que celles des scélérats sont précipitées dans le Tartáre, d'où elles ne sortiront jamais; & que celles qui ne sont coupables que de

(a) *Postquàm Manes ad eum locum pervenerunt, quò Dæmon unumquemque deducit, primùm quidem habitâ quæstione dijudicatur, qui benè, justè & sanctè vitam traduxerunt, aut qui contrà. Et qui medio quodam modo vitam duxisse visi fuerint, ad Acherontem profecti, conscensis vehiculis sibi destinatis, his vecti ad paludem perveniunt; & tum abluendis, expurgandisque sceleribus pœnas expendunt. Quòd si propter peccatorum magnitudinem insanabiles esse videantur, hos consentanea sors projicit in Tartarum, undè nunquam egrediuntur. Quos verò constiteris singulari quâdam atque eximiâ virtute vitam instituisse, hi sunt qui in superiorem illam puramque regionem, quæ terræ supereminet, in quâ ad incolendum sedes sunt illis constitutæ, perveniunt.* Plato, *in Phædon.*

quelques fautes légeres, passent dans le marais Achéruse, où elles sont purifiées par un châtiment proportionné à leurs fautes, & d'où elles sortent ensuite pour être récompensées de leurs bonnes actions. Virgile ne parle pas moins clairement que Platon de cet état mitoyen par lequel passent les ames qui ont besoin d'être purifiées de quelques souillures. » Après la mort, dit Anchise » à Enée son fils (a), nous ne sommes pas en» core quittes de toutes nos miséres ; & il » nous reste à souffrir diverses peines, pour » nous purifier des souillures contractées » pendant le cours de notre vie. Ainsi les

(a) Quin & supremo cùm lumine vita reliquit,
Non tamen omne malum miseris, nec funditùs omnes
Corporeæ excedunt pestes; penitùsque necesse est,
Multa diù concreta modis inolescere miris.
Ergò exercentur pœnis, veterumque malorum
Supplicia expendunt. Aliæ panduntur inanes
Suspensæ ad ventos; aliis sub gurgite vasto
Infectum eluitur scelus, aut exuritur igni.

» uns

» uns sont suspendus & exposés au vent ; » les autres sont purifiés par le feu ; quel- » ques-uns sont précipités dans un gouffre » profond, pour y expier leurs fautes : cha- » cun souffre à sa maniere. Après cela on » nous envoie dans l'Elysée, où nous habi- » tons d'agréables campagnes. «

Cette idée des Anciens nous fait connoître l'antiquité d'une opinion, que dans les derniers tems quelques-uns ont regardée mal à propos comme une invention nouvelle.

Les prieres, les offrandes, les sacrifices pour les morts étoient une suite naturelle de cette doctrine. On vouloit par-là leur rendre les juges des enfers propices : on espéroit abréger le tems de leur purification, & adoucir leurs peines ; & on croyoit que la piété des vivans engageoit les Dieux

Quisque suos patimur manes. Exindè per amplum
Mittimur Elysium, & pauci læta arva tenemus.
Virgil. *Æneid. lib. 6.*

à ne pas traiter les morts avec toute la sévérité que leurs fautes méritoient. Aussi ne pratiquoit-on rien de tout cela à l'égard de ceux qui mouroient dans l'enfance(*a*). Comme on sçavoit que les enfans ne pouvoient s'être rendus coupables d'aucun crime, on ne doutoit point de leur bonheur futur ; & l'on jugeoit qu'il étoit inutile d'implorer pour eux la miséricorde des Dieux, & de fléchir leur justice.

Quelques-uns des Anciens ont eu une troisiéme opinion composée des deux autres ensemble, c'est-à-dire, de celle de la Métempsycose & de celle des Enfers. Ils disoient que les ames y étoient retenues pendant un certain tems, pour y être punies ou récompensées de leurs bonnes ou mauvaises actions,

(*a*) *Suis infantibus mortuis neque inferias libant, neque aliud quidquam faciunt eorum, quæ fieri mortuis solent. Neque enim terræ aut terrestrium infantes ullam partem percipiunt. Neque circum eorum sepulcra & monumenta commorantur aut adsident. Nam leges id non permittunt, cùm ii in meliorem ac diviniorem conditionem simul locumque concesserint.* Plutarch. *Consol. ad uxor.*

& qu'enſuite elles paſſoient dans d'autres corps, pour recommencer une nouvelle vie. Platon nous fournira encore de quoi appuyer ce ſentiment : car on trouve de tout dans cet Auteur, & on peut y choiſir ce qui plaît le plus. Dans ce Dialogue, où il repréſente Socrate mourant & conſolant ſes amis, un d'eux lui dit, que les hommes ſont dans une terrible incertitude ſur ce que devient l'ame après ſa ſéparation d'avec le corps ; & Socrate lui répond que ſuivant une ancienne opinion, après cette vie les ames deſcendent aux Enfers, d'où elles reviennent enſuite en ce monde (*a*). Malgré cela, le même Platon condamne enſuite les ſcélérats à ne jamais ſortir du Tartare (*b*) : cependant il ſoutient dans ſon Phedre, que leurs ames ne ſeront punies que pendant mille ans, & qu'enſuite elles paſſeront dans

(*a*) *Antiquus quidem eſt hic ſermo, hinc eò proficiſci, & illinc huc redire mortuorum animas, & fieri ex mortuis.* Plato, *in Phædon.*

(*b*) Voyez *pag.* 64. *Not.* (*a*).

d'autres corps (*a*). Mais il eſt inutile de nous arrêter à ces contradictions de Platon : il ſuffit de ſçavoir, que cette troiſiéme opinion compoſée des deux autres a eu auſſi ſes zélateurs, & que Virgile l'a rendue célebre par ſon fleuve Lethé. On peut voir à la ſuite de ce que nous venons de citer de ce Poëte, comment les ames qui habitent l'Elyſée, après que la longueur du tems a effacé toutes leurs taches, & conſommé en elles ce qui leur reſtoit de terreſtre (*b*), ſe rendent à ce fleuve d'oubli, qui leur fait perdre la mémoire de tout ce qui leur etoit arrivé, & leur fait naître l'envie de retourner dans de nouveaux corps.

(*a*) *Τῷ δὲ χιλιοστῷ ἀμφότεραι ἀφικνούμεναι ἐπὶ κλήρωσίν τε καὶ αἵρεσιν τοῦ δευτέρου βίου, αἱροῦνται ὃν ἂν ἐθέλῃ ἑκάστη.* Plato, *in Phædro*.

(*b*) Donec longa dies, perfecto temporis orbe,
Concretam exemit labem, purumque reliquit
Ætherium ſenſum, atque autaï ſimplicis ignem.

Virgil. *Æneid. lib.* 6.

Il eſt naturel de penſer, que cette troiſiéme opinion du fleuve Lethé ne fut inventée par les Philoſophes, que pour réparer le défaut eſſentiel de leur doctrine de la Métempſycoſe. Elle ne pouvoit ſe ſoutenir, ſans admettre néceſſairement le ſouvenir des choſes arrivées daus les différentes animations qui avoient précédé. Pythagore l'avoit conçu de la ſorte; & c'étoit pour appuyer de ſon exemple cette partie de ſon ſyſtême, qu'il avoit oſé ſoutenir hardiment ſe ſouvenir d'avoir été tantôt Euphorbe (*a*), tantôt Æthalide, Hermotime ou Pyrrhus, & même d'avoir été coq. Son témoignage pouvoit bien d'abord faire illuſion à ceux qui embraſſerent ſa doctrine; mais comme d'ailleurs aucun d'eux ne ſe ſouvenoit réellement

(*a*) Ipſe ego, nam memini, Trojani tempore belli
Panthoïdes Euphorbus eram, cui pectore quondam
Hœſit in adverſo gravis haſta minoris Atridæ.
Ovid. *Metam. lib.* 15.

de ce qui pouvoit lui être arrivé dans les corps différens, qu'il devoit avoir animés avant celui dans lequel il vivoit actuellement, pour remédier à ce défaut, on imagina l'admirable invention du fleuve d'oubli. C'est ainsi que toute doctrine qui vient des hommes, est toujours sujette dans ses commencemens à mille difficultés qu'ils n'ont pû prévoir. Elle ne se perfectionne qu'avec le tems, & porte par son incertitude & ses variations des marques certaines de son origine.

Au reste on doit observer que ces deux opinions, tant celle de la Métempsycose, que celle des Elysées & des Enfers, supposant toutes deux la nécessité d'un jugement après la mort, ont également toutes deux pour fondement la nécessité d'une autre vie. C'est-là en effet le cheval de bataille, la preuve triomphante, l'argument bannal de tous ceux qui croyent pouvoir prouver par la raison l'immortalité de notre ame, parce que c'est le plus sensible, & celui qui paroît avoir le plus de fondement. Car ne feroit-ce pas bien en vain, dit-on, que l'homme adoreroit son Créateur, & lui rendroit de justes hommages, en vain qu'il s'abstiendroit du mal & feroit le bien, s'il ne devoit y avoir aucune récompense pour les bonnes actions, aucune punition pour les mauvaises? Or delà il s'ensuit, continue-t'on, que les récompenses ou les châtimens des unes & des autres n'ayant pas toujours lieu dans cette vie, il est nécessaire qu'il y en ait un autre, où les méchans soient punis de leurs crimes, & les bons récompensés de leurs vertus; que sans cela Dieu ne seroit pas juste; & que la nécessité de cette autre vie emporte celle de l'immortalité de nos ames, puisque leur anéantissement rendroit cette ressource inutile. Ce raisonnement a été mis en œuvre par les premiers Philosophes qui ont soutenu l'immortalité de l'ame, comme par ceux qui les ont suivis. Tous sont d'accord sur cet article; & il faut l'avouer: à ne le regarder que du premier coup d'œil, rien ne paroît plus ſpécieux & plus propre à perſuader. Cependant à peine y fait-on quelque attention, que toute la difficulté s'évanouit, & on ne trouve dans cette preuve victorieuſe que du préjugé, & une vraie pétition de principe, qui rejette dans le plus étrange embarras ceux qui en ſont les auteurs.

En effet les défenſeurs de l'opinion contraire nient d'abord la néceſſité des peines & des récompenſes dans une autre vie, prétendant que dès celle-ci les bons ſont récompenſés de leurs vertus, ou par le témoignage intérieur de leur propre conſcience, ou par l'eſtime des autres hommes; & les méchans punis de leurs forfaits par la honte, l'ignominie & les châtimens qui ſuivent les crimes, lorſqu'ils ſont découverts: Que faire le bien, aider ſon prochain, ſe rendre commode, utile & néceſſaire à la ſociété, porte avec ſoi une ſatifaction qui tient lieu de récompenſe à ceux qui le font: Qu'au contraire, indépendamment des peines portées par les Loix contre les actions vicieuses, opprimer son semblable, lui ravir les biens, l'honneur ou la vie, est une conduite qui ne peut manquer d'être suivie du repentir, & de la crainte du châtiment : Que d'ailleurs le bien ou le mal physique ne consiste que dans notre opinion, qui dépendant de l'éducation & de notre intérêt propre, change & varie selon la naissance, la condition & les conjonctures ; Que sur ce principe, la privation des richesses, des commodités, des honneurs, de la santé, de la vie même, n'est un véritable mal que pour ceux qui s'en affligent, comme ces mêmes choses ne sont des biens que pour les personnes qui les croyent tels : Que souffrir la douleur, les infirmités, les maladies, est un des plus sûrs moyens d'y résister ou d'en guérir : Que supporter avec patience & avec courage la pauvreté, la dureté des hommes, leur oubli, leurs persécutions, est une ressource certaine pour les moins sentir : Que la tranquilité de l'esprit, & la paix du cœur au milieu des adversités, est de beaucoup préférable aux inquiétudes & aux remords, qu'éprouvent les hommes injustes & les méchans dans la possession des biens & des honneurs qu'ils se sont procurés par des voies iniques : Qu'après tout il y a une certaine mesure de bien & de mal, de plaisir & de douleur, répandue également sur tous les états & sur toutes les conditions de la vie, dont nul ne peu s'exemter : que les méchans en ont leur part ainsi que les gens de bien ; & qu'on voit tous les jours des hommes heureux dans la misere, comme des malheureux dans la fortune la plus brillante.

On ajoute, que pour prouver qu'il est de la justice de Dieu de punir le vice dans une autre vie, & de récompenser la vertu, il faut supposer que l'homme est capable de l'un & de l'autre ; Qu'il faut donc poser d'abord pour principe, que l'homme est libre ; qu'il est capable du bien & du mal, & par conséquent qu'il a une ame spirituelle & immortelle : Qu'autrement, & en supposant que l'homme n'est que matiere, que ce n'est qu'une pure machine guidée comme les bêtes par un instinct aveugle & sans choix, il n'est pas possible de reconnoître plus de bonté morale ou de malice dans l'homme, que dans la brute ; & que s'il est de la Justice de Dieu de châtier en lui ce qu'il peut faire de mal, il est également obligé de punir tant de meurtres, que le Tigre, le Lion & une infinité d'autres animaux féroces commettent continuellement. Or comment peut-on prouver, dit-on, l'existence de cette ame humaine spirituelle & immortelle ? Par la nécessité des peines & des récompenses dans une autre vie, répondent les partisans de l'immortalité. Vous prouvez donc, réplique-t'on, que l'ame de l'homme est spirituelle & immortelle par la nécessité d'une autre vie ; & vous prouvez la nécessité d'une autre vie, parce que l'homme est capable du bien & du mal, c'est-à-dire, parce que l'ame humaine est spirituelle & immortelle: y eut-il jamais cercle plus vicieux, & pétition de principe plus évident & plus sensible?

On va plus loin ; & on demande ſur qui Dieu doit exercer ſa juſtice. C'eſt ſans doute ſur l'homme. C'eſt l'homme qui a fait le bien ou le mal ; c'eſt l'homme qui doit être ou récompenſé ou puni. Qui ne puniroit ou ne récompenſeroit qu'une partie de l'homme, ne ſeroit pas juſte. L'homme tout entier eſt vertueux ou criminel; il doit donc recevoir tout entier le châtiment ou le prix de ſes vices & de ſes vertus. Or l'homme eſt un composé de l'ame & du corps ; donc ſi Dieu eſt obligé de récompenſer & de punir, il doit récompenſer ou punir l'ame & le corps. Le corps deſtitué de l'ame eſt non-ſeulement incapable, mais même indigne de récompenſe ou de punition ; & l'ame ſéparée du corps n'eſt plus l'homme : elle ne peut ſeule recevoir juſtement des châtimens ou des récompenſes, qui doivent être communs à l'un & à l'autre *(a)*. Cette doctrine eſt ſi certaine,

*(a)* C'eſt ce qui fait dire à Montagne au Chapitre 12. de ſes Eſſais, après s'être déja fort emporté

que les premiers Chrétiens en ont fait le fondement de notre résurrection future (a). C'est aussi pour cette raison, que les Peres de l'Eglise les plus anciens & les plus habiles (b) ont cru que Dieu différoit jusqu'au jour du jugement ses châtimens & ses récompenses; & qu'en conséquence ils ont enseigné, que jusqu'à ce terme, toutes les ames de ceux qui mouroient étoient renfermées dans une habitation commune, où elles atten-

contre Platon : » Et quand tu dis ailleurs, Platon, » que ce sera la partie spirituelle de l'homme à » qui touchera la jouissance de l'autre vie, tu nous » dis choses d'aussi peu d'apparence : car à ce compte, ce ne sera plus l'homme, ni nous par conséquent, à qui touchera cette jouissance. Car » nous sommes bâtis de deux pieces principales & » essentielles, desquelles la séparation c'est la » mort & ruine de notre être. «

(a) Voyez Athénagore, *De Resur. mort.*

(b) Clemens Rom. 1. *Recogn.* Justin. *in quæst. à Gent. positis, Quæst.* 76. Iren. *adv. Hæref.* Tertul. *cont. Marc. lib.* 4. *& lib. de An.* Origen. *Princip. lib.* 2. *&* 4. *& Hom.* 7. *in Levit.* Lactant. *Div. Instit. lib.* 7. *cap.* 21. August. *in Ps.* 36. Ambrof. *lib. de bono mortis, cap.* 10. Theodoret. *ad cap.* 2. *Ep. ad Hebr. &c.*

doient ce jour destiné à décider de leur sort pour l'Eternité.

Or sur ce principe, & ne se proposant que la raison pour guide dans ce raisonnement, on demande ce que devient l'ame humaine depuis sa séparation d'avec le corps, jusqu'à sa réunion avec lui au jour de la résurrection promise? Ou elle existe alors, ou elle n'existe point. Si elle n'existe point dans tout cet intervalle, comme quelques-uns l'ont pensé parmi les premiers Chrétiens, persuadés qu'elle ressusciteroit avec le corps, elle n'est donc ni spirituelle, ni immortelle de sa nature. Que si elle existe, que l'on marque donc quel est alors son état. Dira-t'on que dès-lors Dieu exerce sa justice sur elle? On ne peut l'avancer, comme on vient de le voir, sans contredire la raison, détruire la nécessité de notre résurrection future, & donner un démenti formel à l'Antiquité la plus respectable. Répondra-t'on au contraire conformément au sentiment des anciens Peres, que l'ame n'est alors ni dans le plaisir, ni dans la souffrance? On sera obligé d'avouer encore, que dans cet état elle ne peut mériter ni démériter. Or que l'on se représente, s'il est possible, la situation d'une substance vivante & intelligente qui est sans action & sans passion, qui ne souffre aucun mal, qui ne goûte aucun plaisir: qu'on s'imagine que pour toutes les ames cette situation doit durer jusqu'à la fin du monde, jusqu'à la résurrection, par conséquent pour les ames des premiers hommes pendant dix mille, vingt mille, pendant cent mille ans peut-être: car qui peut définir le terme de la durée du monde (a)? Peut-on nier qu'un tel état ne soit chimérique, & que cette vie imaginaire ne soit une véritable mort?

(a) Quelques anciens Peres ont tenté de le faire & n'y ont pas réussi, comme on l'a vû de S. Cyprien dans le Traité des *Sentimens des Anciens sur le Monde*, chap. 2.

Pour ne rien omettre de ce qui regarde l'état de l'ame après cette vie, il faut dire un mot d'une opinion aujourd'hui fort répandue dans le monde, & que les Chrétiens, les Juifs & les Mahométans regardent comme un des principaux articles de leur foi : je parle de la résurrection des morts, dont nous allons tâcher de découvrir l'origine.

Dans tout ce qui nous reste de l'Antiquité, nous n'avons qu'un seul endroit de Platon & un de Diogene Laërce, où il soit parlé de la résurrection générale. Car pour ce qui est de quelques résurrections particulieres, on sçait qu'il en couroit plusieurs contes, comme d'un Aristée, d'un Cléomede, d'Epiménide, & de quelques autres, qu'on assuroit autrefois être ressuscités (a). Mais tout cela n'étoit regardé que comme

(a) V. Plutarch. *in vita Romul.* Plin. *Hist. lib.* 7. *cap.* 53. & 54. & Diogen. Laërt. *lib.* 2.

de

de vrais contes de vieilles, dont les enfans mêmes se moquoient.

A l'égard de la résurrection générale, il en est parlé un peu plus sérieusement dans un des Dialogues de Platon (a), où ce Philosophe fécond en systêmes voulant expliquer de quelle maniere les hommes étoient d'abord sortis de la terre, suppose qu'après une certaine révolution de tems, toutes choses rétrogradent; que les Astres vont finir leur cours à l'Orient, ainsi qu'il est arrivé, dit-il, du tems d'Atrée & de Thyeste; que les hommes rajeunissent, & meurent dans la premiere enfance; & que ceux qui étoient déja dans le sein de la terre, en sortent, & renaissent au même état où ils étoient quand ils sont morts. On peut ajouter à cet endroit de Platon ce que nous avons dit ailleurs du systême de la grande

(a) In Politico. V. le Traité des *Sentimens des Anciens sur le Monde, chap.* 1.

année (*a*). Du reste on voit assez qu'en tout cela il ne s'agit point du tout de l'espece de résurrection que nous cherchons. A l'égard de ce que nous venons de rapporter de Platon, on doit le regarder comme étant tiré de sa tête, plutôt que comme une opinion qui fût véritablement reçue de son tems. Ce sentiment est une imagination creuse de ce Philosophe, & a probablement toujours passé pour tel, puisque quoiqu'il ait eu grand nombre d'admirateurs & de disciples, aucun ne s'est avisé de l'embrasser.

L'autre endroit où il est parlé de la résurrection générale, se trouve dans Diogene Laërce. Voici de quelle maniere cet Auteur en fait mention. » Clitarque assure, dit-il » (*b*), que les Gymnosophistes méprisent la

(*a*) Voyez le Traité des *Sentimens des Anciens sur le monde, chap.* 1.

(*b*) Τοὺς γοῦν Γυμνοσοφιστὰς καὶ θανάτου κατα-

» mort, & qu'ils condamnent l'usage de » brûler les corps. Ils sont dans l'opinion » que ces corps ressusciteront un jour, & » vivront pour ne plus mourir. Plusieurs » disent que les Juifs sont sortis d'entr'eux. « Les Mages étoient du même sentiment au sujet de la résurrection des corps, comme le même Auteur l'écrit un peu plus bas sur la foi de Théopompe (a).

On sçait que les Mages admettoient deux principes, l'un bon, & l'autre mauvais; l'un auteur de la vie, & l'autre auteur de la mort. Mais tout le monde ne sçait peut-être pas de même, qu'ils espéroient ne dépendre un jour que de l'un, & être entièrement affranchis de la domination de l'au-

φρονεῖν φησι Κλείταρχος· καὶ ἀνόσιον ἡγεῖσθαι πυρὶ θάπτειν· καὶ ἀναβιώσεσθαι τοὺς ἀνθρώπους, καὶ ἔσεσθαι ἀθανάτους. Ἔνιοι δὲ καὶ τοὺς Ἰουδαίους ἐκ τούτων εἶναι. Diog. Laërt. in procem.

(a) *Theopompus Magorum sententiâ homines in vitam quoque redituros, immortalesque futuros tradit.* Idem, *ibid.*

tre. Plutarque nous l'apprend ; & ce qu'il dit à ce sujet doit être joint à ce que nous venons de rapporter de Diogene Laërce, afin d'avoir une connoissance exacte de leur Théologie. » Les deux Principes que les » Mages reconnoissent, dit Plutarque (a), » doivent, selon eux, régner l'un après l'au- » tre dans le monde pendant trois mille ans, » & se faire la guerre ensuite pendant trois » mille autres, au bout desquels le mauvais » principe sera vaincu & détruit, & les hom- » mes seront éternellement heureux. « C'est sans doute après la destruction de ce mauvais principe, qu'ils s'imaginoient que les morts ressusciteroient, afin de partager avec les vivans une éternelle félicité. Cette con-

(a) *Existimant duos esse Deos quasi contrariis deditos artibus, ut bona alter, alter mala opera conficiat. . . . Theopompus ait, de sententiâ Magorum, vicibus ter mille annorum alterum Deorum superare, alterum succumbere, & per altera tria millia bellum eos inter se gerere : tandem Plutonem deficere, & tunc homines fore beatos, neque alimento utentes, neque umbram edentes.* Plutarch. *De Isid. & Osir.*

jecture est d'autant mieux fondée, qu'ils disoient qu'alors les hommes n'auroient pas besoin de manger, & que leurs corps ne feroient point d'ombre.

Cette opinion de la résurrection des corps, que les Juifs avoient peut-être prise des Mages, ce qui donna lieu sans doute à quelques-uns de croire qu'ils étoient sortis de ces Sages de Perse, ou des Philosophes des Indes, ne paroît pas avoir fait de grands progrès. Si l'on en excepte les Indes, la Perse & la Palestine, nous ne voyons point qu'elle ait été établie & connue en aucun endroit de la terre. Il y a même lieu de douter, si ce n'étoit point chez les Juifs une opinion assez populaire. L'Evangile & les Actes des Apôtres nous apprennent, à la vérité, que les Pharisiens la croyoient : cependant Josephe qui étoit de cette Secte, n'en parle en aucune façon, & le mot de résurrection ne se trouve pas une seule fois dans ses livres : il dit même très-positivement en deux endroits, que les Pharisiens admettoient la Métempsycose (a). Ces hommes ambitieux qui vouloient mettre le peuple dans leurs intérêts, affectoient peut-être de favoriser une opinion, dont ils ne faisoient pas dans le fond beaucoup de cas.

Au reste Montagne a eu tort d'attaquer comme il l'a fait au chapitre douziéme de ses Essais, la possibilité de la résurrection, sous prétexte de combattre la doctrine de Platon, sur le bonheur préparé aux justes dans la vie future. Dans cet endroit s'élevant à ce sujet contre les promesses de ce Philosophe, » Si pour nous rendre capables de » ces choses, dit-il, on réforme & rechan- » ge notre être, ainsi que tu nous dis, Pla-

(a) *Credunt animas omnes immortales; improbos sempiterno carcere claudi, bonos solos in aliud corpus transire.* Joseph. *De Bel. Jud.* lib. 2. cap. 8. Voyez le même Auteur, *Antiq. Jud. lib.* 18. *cap.* 1. Peut-être dans ces deux endroits Josephe ne veut-il dire autre chose, sinon que, selon la doctrine des Pharisiens, les Justes seuls ressuscitoient; ce qui a été le sentiment de quelques Saints Peres.

» ton, ce doit être d'un si extrême change-
» ment, & si universel, que par la doctrine
» Physique, ce ne sera plus nous: ce sera
» quelqu'autre chose qui recevra ces ré-
» compenses: car ce qui est changé, est dis-
» sous, & par conséquent périt (*a*). « En effet, continue Montagne, suivant le sentiment de Lucrece (*b*), en supposant que la même matiere dont nos corps étoient com-

(*a*) Quod mutatur enim dissolvitur; interit ergo.

Lucret. *lib.* 3.

(*b*) Nec si materiam nostram conlegerit ætas
Post obitum, rursùmque redegerit ut sita nunc est;
Atque iterùm nobis fuerint dàta lumina vitæ:
Pertineat quidquam tamen ad nos id quoque factum,
Interrupta semel cùm sit repetentia nostri.

Lucret. *ubi suprà.*

posés avant la mort, rétablie dans son ancien état & sa forme premiere, soit de nouveau rappellée à la vie par une seconde introduction de cette ame, qui l'avoit animée auparavant, cependant rien de ce qui auroit appartenu à la premiere vie, ne regarderoit la nouvelle, & rien de cette derniere n'appartiendroit à la précédente, la mémoire des choses passées ayant été interrompue & anéantie. On passe ce sentiment à Lucrece, qui raisonnant en payen & en disciple d'Epicure, ne pouvoit penser autrement; mais il n'est pas pardonnable dans Montagne, qui n'a pû ignorer qu'il n'est pas plus difficile à Dieu de rétablir dans nous la mémoire du passé, que de nous ressusciter. Le même Créateur qui nous forma, n'est pas moins puissant pour opérer l'un, qu'il sera fidéle à accomplir l'autre.

## CHAPITRE IV.

*Idée que les Anciens avoient de la nature de l'ame, quoiqu'immortelle.*

» ON ignore, dit Lucrece (*a*), quelle est » la nature de l'ame ; si elle a pris naiss- » sance avec notre corps, ou si elle lui est » infusée au moment de notre naissance ; si » elle périt avec lui par sa dissolution, ou » si en se séparant de lui, elle va habiter » dans l'obscurité des Enfers ; enfin si celles » des animaux s'introduisent en leurs corps

(*a*) Ignoratur enim quæ sit natura animaï :
Nata sit, an contrà nascentibus insinuetur,
Et simul intereat nobiscum morte dirempta ;
An tenebras Orci visat, vastasque lacunas :
An pecudes alias divinitùs insinuet se.
Lucret. *lib.* 1.

» de la même maniere que l'ame passe dans » le nôtre. « En effet la plûpart des Philosophes ont été obligés d'avoüer, que cette matiere étoit incompréhensible, & que les ressorts dont nos corps étoient mus, étoient couverts de ténebres si épaisses, qu'il n'étoit pas possible de reconnoître ce qui les faisoit agir. Après avoir rapporté leurs opinions différentes, Cicéron ajoute qu'il n'y a que Dieu seul qui sçache quelle est la véritable. Cependant ce que nous venons de rapporter de l'opinion où étoient les Anciens sur l'état de l'ame au sortir de cette vie, ne sera peut-être pas inutile pour nous aider à connoître ce qu'ils pensoient de sa nature.

Comme les Egyptiens, les Gaulois, les Thraces se contentoient de croire l'ame immortelle, sans raisonner sur la nature de cette substance, & qu'ils laissoient à l'imagination d'un chacun la liberté de se la représenter telle qu'il lui plaisoit, nous ne pouvons nous assurer de l'idée qu'ils s'en formoient, que par l'opinion où nous sçavons qu'étoient ces Peuples sur son état après la mort. Les Thraces, comme nous l'avons dit, s'imaginoient en général aller après cette vie dans un lieu délicieux, où ils jouissoient de toutes sortes de biens. Ces hommes simples & grossiers comptoient sur des plaisirs sensuels, tels que le peuple parmi les Mahométans espere en posséder dans le Paradis du Prophete. Ainsi on comprend d'abord qu'il ne faut point aller chercher chez eux une idée de spiritualité, qu'on a de la peine à trouver chez les Nations même les plus raffinées.

Les Egyptiens, les Gaulois & les autres qui croyoient la Métempsycose, & qui ne mettoient point de différence entre les ames des bêtes & celles des hommes (a), ne re-

(a) Les Pythagoriciens, & tous ceux qui comme eux s'abstenoient de manger de la chair des animaux, ne le faisoient que par cette raison seule,

gardoient l'ame que comme le principe de la vie, comme une ſubſtance qui faiſoit vivre & reſpirer le corps où elle étoit renfermée, & qui privoit de la reſpiration celui qu'elle abandonnoit: ils n'en avoient point d'autre idée que celle d'une matiere ſubtile, légere & déliée, qui paſſoit ſucceſſivement d'un corps dans un autre; c'eſt-à-dire, qui pouvoit entrer, ſortir, & être contenue dans un lieu. Cela eſt ſi vrai, que les Philoſophes qui ont puiſé chez les Egyptiens la doctrine de l'immortalité, n'en ont point eu eux-mêmes une idée différente, comme nous allons le faire voir.

Ciceron rapporte ſur la foi des livres de ſon tems, que Phérécides & ſon diſciple Pythagore, auxquels on peut joindre Thalès, furent les premiers parmi les Grecs, qui ſoutinrent que l'ame étoit immortelle

qu'ils craignoient de ſe nourrir d'une chair animée par leurs ſemblables. V. Porphyre, *De Abſtinent. Animal.*

(*a*). Mais ils se contenterent d'établir leur opinion ; & à l'imitation des Egyptiens de qui ils la tenoient, ils n'entreprirent point d'expliquer la nature de cette substance, dont ils soutenoient l'immortalité. Il est vrai que quelques-uns ont attribué à Pythagore d'avoir enseigné que l'ame étoit une harmonie (*b*) ; mais Cicéron dit précisément (*c*) que les Pythagoriciens ne s'expliquoient point là dessus, & qu'il n'étoit question chez eux que de nombres & de lignes.

Mais ceux qui dans le même tems raisonnerent sur cette matiere, ne garderent pas le même silence, & voulurent commencer par définir une chose, qui faisoit le su-

(*a*) *Pherecides Syrus primùm dixit, animos hominum esse sempiternos. Hanc opinionem discipulus ejus Pythagoras maximè confirmavit.* Cic. *Tusc. Quæst. lib.* 1.

(*b*) *Pythagoras harmoniam* (animam dixit). Macrob. *in Somn. Scip. lib.* 1. *cap.* 14.

(*c*) *Rationem illi sententiæ suæ non ferè reddebant, nisi quid erat numeris aut descriptionibus explicandum.* Cic. *ubi suprà.*

jet de la queſtion. Empédocle, Parménide, Héraclite, Dicéarque, tous preſque contemporains de Pythagore, entreprirent de fixer préciſément l'idée qu'on devoit ſe former de l'ame par une définition juſte, qui comprît la nature de cette ſubſtance. Ils étudierent beaucoup, ils méditerent, ils voyagerent pour s'en inſtruire ; & après tant d'études, de réflexions & de voyages, ils ne laiſſerent pas de la définir d'une façon toute différente. (*a*) Empédocle aſſura que l'ame étoit un ſang ſubtil ; Parménide, qu'elle

(*a*) On trouve tous les divers ſentimens des Philoſophes ſur la nature de l'ame, raſſemblés dans Cicéron & dans Macrobe. Voici les paroles de Ciceron, *Tuſc. Quæſt. lib.* 1. *Empedocles animum eſſe cenſet cordi ſuffuſum ſanguinem. Zenoni Stoïco animus ignis videtur. Proximè autem Ariſtoxenus Muſicus, idemque Philoſophus, intentionem ipſius corporis quandam, velut in cantu & fidibus, quæ harmonia dicitur. Democritum, magnum quidem illum virum, ſed lævibus & rotundis corpuſculis efficientem animum concurſu quodam fortuito, omittamus. Quid de Dicæarcho dicam, qui nihil omninò animum dicat eſſe?*

étoit composée de terre & de feu ; Xénophanes, qu'elle étoit formée de terre & d'eau ; Epicure, qu'elle étoit composée de feu, d'air & d'esprit ; Zenon & Hipparque, qu'elle étoit un feu subtil ; Anaximandre, qu'elle étoit un air très-pur : Hippocrate la confondit avec les esprits animaux : Aristoxene, Philosophe & Musicien, ne la regarda que comme une harmonie : Démocrite dit qu'elle étoit un souffle composé d'atô-

A l'égard de Macrobe, *Plato*, dit-il *in Somn. Scip. lib.* 1. *cap.* 14. *dixit animam essentiam se moventem, Xenocrates numerum se moventem, Aristoteles* ἐντελέχειαν, *Pythagoras & Philolaus harmoniam, Possidonius ideam, Asclepiades quinque sensuum exercitium sibi consonum, Hippocrates spiritum tenuem per corpus omne dispersum, Heraclitus Ponticus lucem, Heraclitus Physicus scintillam stellaris essentiæ, Zenon concretum corpori spiritum, Democritus spiritum insertum atomis, Critolaus Peripateticus constare eam de quintâ essentiâ, Hipparchus ignem, Anaximenes aëra, Empedocles & Critias sanguinem, Parmenides ex terrâ & igne, Xenophanes ex terrâ & aquâ, Boëthos ex terrâ & igne, Epicurus speciem ex igne, & aëre, & spiritu mixtam.*

mes très-déliés & très-subtils ; Héraclite, qu'elle étoit une étincelle du feu des astres : Dicéarque soutint qu'elle n'étoit autre chose que le corps même. Il seroit ennuyeux de rapporter tous les sentimens particuliers des Philosophes sur cette matiere : il suffit de dire qu'ils convinrent tous en ce qu'ils donnerent de l'ame une idée corporelle, & que Platon est le premier qui ait, si j'ose m'exprimer ainsi, spiritualisé cette idée. C'est pourquoi nous allons voir comment il s'y prit pour établir un systême, qui eut d'abord beaucoup de Sectateurs, & qui dans la suite a été embrassé généralement de tout le monde.

Il y avoit déja plus d'un siécle qu'on disputoit parmi les Grecs sur la nature de l'ame, lorsque Platon entreprit de traiter aussi cette matiere. Il étoit allé en Egypte puiser à la source, de même que les autres Philosophes qui l'avoient précedé. Mais les Egyptiens qui lui apprirent des choses curieuses

sur

ſur l'Hiſtoire ancienne, ne lui communiquerent pas vraiſemblablement beaucoup de lumieres ſur la queſtion qu'il vouloit agiter; & il eut beſoin d'en trouver de plus grandes dans ſon propre génie. Il puiſa donc dans ſon propre fond de quoi réuſſir dans ce qu'il avoit projetté; & la maniere dont il s'en acquitta lui acquit tant de gloire, qu'on le regarda alors, & qu'on l'a toujours regardé depuis comme le premier des Philoſophes *(a)*. Il eſt le premier en effet qui ait entrepris de donner des preuves de l'immortalité de l'ame. Son ſyſtême n'eſt cependant pas abſolument aiſé à entendre, & ne manque pas d'obſcurité. Dans ce tems-là on étoit beaucoup moins accoutumé qu'on ne l'eſt

(a) Cicéron marque l'eſtime infinie qu'il faiſoit de Platon, en faiſant dire à Atticus, *Tuſc. Quæſt. lib.* 1. *Errare mehercule malo cum Platone, quem tu quanti facias ſcio, & quem ex ore tuo admiror, quàm cum iſtis vera ſentire.* Et plus bas il ajoute: *Ut autem rationem Plato nullam afferret, (vide quid homini tribuam) ipsâ auctoritate me frangeret.*

aujourd'hui, aux idées claires & distinctes; un discours brillant & fleuri faisoit aisément passer un raisonnement obscur, & quelquefois faux. Quoi qu'il en soit, je vais tâcher d'expliquer en peu de mots le systême que Platon a voulu établir sur la nature de l'ame.

Premierement, pour exprimer l'ame, il s'est servi du mot Grec Νῦς qui signifie *la pensée*, & que les Latins rendent par celui de *Mens*. Ainsi il suppose ce que personne n'avoit dit avant lui, que l'ame & la pensée sont une même chose. Ensuite il soutient que la pensée est immortelle, parce que, selon lui, elle est éternelle; & il prouve qu'elle est éternelle par cet argument. *(a)* Ce qui est dans un perpétuel mouvement, & qui n'a reçu ce mouvement de personne, doit être éternel: or la pensée est dans un perpétuel mouvement, & elle n'a reçu ce mou-

(*a*) *In Phædro.*

vement de perſonne, parce que, dit-il, on ſent bien qu'elle ſe meut d'elle-même, & qu'elle n'a beſoin de perſonne pour ſe mouvoir; donc la penſée eſt éternelle.

Une autre preuve de Platon pour l'immortalité de l'ame, eſt celle dont on ſe ſert communément aujourd'hui, c'eſt-à-dire la ſimplicité de ſa nature. Mourir dit ce Philoſophe (a), n'eſt autre choſe que ſe diſſoudre & ſe corrompre : or l'ame qui eſt une ſubſtance ſimple ne peut ni ſe diſſoudre, ni ſe corrompre; par conſéquent elle ne peut mourir.

Voilà en peu de mots le précis des longs raiſonnemens de Platon ſur la nature de l'ame (b) contenus dans deux Dialogues fort diffus

(a) *In Phædone.*

(b) Ciceron a employé ces deux raiſonnemens de Platon au premier livre de ſes Tuſculanes. Voici de quelle maniere il rend le premier. *Quod ſemper movetur, id æternum èſt : quod autem motum affert alicui, quodque ipſum agitatur aliundè, quandò finem habet motûs, vivendi quoque finem habeat*

& fort embarrassés; on peut même dire si obscurs, que sans aider beaucoup à la let-

*necesse est. Solum igitur quod seipsum movet, quia nunquàm deseritur à se, nunquàm ne moveri quidem desinit, quia etiam cæteris, quæ moventur, hic fons, hoc principium est movendi. Principii autem nulla est origo. Nam ex principio oriuntur omnia: ipsum autem nullâ ex re aliâ nasci potest. Nec enim esset id principium, quod gigneretur aliundè. Quòd si nunquam oritur, ne occidit quidem unquam ... Ita fit, ut motûs principium ex eo sit, quod ipsum à se movetur. Id autem nec nasci potest, nec mori. Cùm pateat igitur, æternum id esse, quod seipsum moveat, quis est, qui hanc naturam animis esse tributam neget? Inanimum enim est omne, quod pulsu agitatur externo: quod autem est animatum, id motu cietur interiore & suo.*

Le second argument n'est pas rendu avec moins de force. *Animorum*, dit Cicéron, *nulla in terris origo inveniri potest: nihil enim est in animis mixtum atque concretum, aut quod ex terrâ natum atque fictum esse videatur; nihil ne aut humidum quidem, aut flabile, aut igneum. His enim in naturis nihil inest, quod vim memoriæ, mentis, cogitationis habeat; quod & præterita teneat, & futura prævideat, & complecti possit præsentia. Singularis est igitur quædam natura atque vis animi, sejuncta ab his usitatis notisque naturis. Ita quidquid est illud, quod sentit, quod sapit, quod vult, quod viget, cæleste & divinum est, ob eamque rem æternum sit necesse est.*

tre, il n'eſt pas poſſible par leur ſeule lecture de ſe laiſſer convaincre de ſon immortalité. Ainſi il eſt très-probable, que Caton & les autres qui ſe ſont donné la mort après les avoir lûs, ont eu beſoin de quelque raiſon plus forte & plus perſuaſive, pour ſe réſoudre à quitter la vie ſans regret.

Je ne dis rien de l'ame iraſcible & de l'ame concupiſcible, dont Platon met l'une dans la poitrine, & l'autre dans les entrailles. On conçoit que par-là il entend ſeulement des propriétés du corps, auxquelles il a bien voulu donner le nom d'ame, puiſque, ſelon lui, l'ame n'eſt véritablement autre choſe que la penſée, qu'il appelle l'ame raiſonnable, & qu'il place dans la tête (*a*). Or cette penſée, ou ame rai-

(*a*) *Plato triplicem finxit animam; cujus principatum, id eſt rationem, in capite, ſicut in arce, poſuit; & duas partes ſeparare voluit, iram & cupiditatem, quas locis diſcluſit: iram in pectore, cupiditatem ſubter præcordia locavit.* Cic. *Tuſc. Quæſt. lib.* 1.

ſonnable, eſt une partie de l'ame univerſelle du Monde. Car ſelon Platon & tous les Platoniciens (a), comme tous les corps particuliers ne ſont que des portions de la matiere univerſelle; il y a de même une ame univerſelle, dont ſont tirées toutes les ames particulieres. Auſſi pour entendre une infinité de manieres de parler de l'ame, dont ſe ſont ſervis ceux qui ont vécu après Platon, il faut ſçavoir que les Platoniciens regardoient l'ame univerſelle comme une troiſiéme choſe en Dieu. Le Pere, ou le Créateur du Monde, le Verbe, ou l'Intellect divin, & l'ame univerſelle, compoſoient cette Trinité fameuſe, qu'on eſt aujourd'hui étonné de trouver dans leurs écrits. Voilà pourquoi les Anciens diſent ſi ſouvent, que l'ame eſt une portion de la Divinité. On admire ces manieres de parler, qui ne ſont cependant, ni ſi pieuſes, ni ſi admirables qu'on ſe l'imagine, puiſque dans la façon de pen-

(a) Voyez le Timée de Platon, Plotin & Porphyre.

ser des Anciens, elles confondoient l'ame avec la Divinité, l'esprit créé avec l'incréé.

Au reste il n'étoit pas possible que Platon & ses sectateurs eussent d'autres sentimens de l'ame, puisque soutenant qu'elle étoit éternelle, qu'elle n'avoit point de commencement, qu'elle existoit & se mouvoit par elle-même, qu'elle étoit en un mot une nature simple incapable de dissolution & de corruption, qualités qui toutes ne conviennent qu'à la Divinité *(a)*, il falloit nécessairement, ou que de toutes les ames particulieres ils fissent autant de Dieux, ou qu'ils ne les regardassent toutes que comme des portions d'une même masse, à laquelle ils donnoient ce nom

*(a)* Aussi Cicéron ne craint-il pas de dire, que Dieu n'est autre chose qu'une ame très-simple, absolument dégagée de la matiere. *Nec verè Deus ipse: qui intelligitur à nobis, alio modo intelligi potest, nisi mens soluta quædam & libera, segregata ab omni concretione mortali.* Cic. *Tusc. Quæst. lib.* 1.

d'ame universelle, & qui dans leur façon de penser n'étoit en effet autre chose que la Divinité. Telle est encore aujourd'hui l'opinion de tous les Philosophes Persans & Indiens; commme on peut le voir dans la lettre de M. Bernier écrite de Schiras à M. Chapelain, où il prouve que cette doctrine sape tous les fondemens de la Religion. En effet dans ce sentiment nous serions tous autant de Dieux : par conséquent il seroit ridicule de dire, que nous nous serions imposés à nous-mêmes un culte qui ne s'adresseroit qu'à nous, & que nous aurions imaginé un Paradis & un Enfer, dont l'un ne nous regarderoit point, tandis que nous serions assurés de l'autre.

Après tout ce qui a été dit, il est inutile de s'arrêter ici à montrer ce que tout Lecteur apperçoit comme moi, que cette preuve triomphante, cet argument sans replique, que nos Métaphysiciens modernes se vantent d'avoir imaginé pour démontrer la spiritualité

& l'immortalité de l'ame, n'eſt préciſément autre choſe que le raiſonnement de Platon, & qu'ils en ſont poſitivement redevables à ce Philoſophe. Mais ce que tout le monde ne voit peut-être pas, c'eſt que leur prétendue démonſtration n'eſt dans le fonds qu'un pur ſophiſme, & qu'en adoptant le raiſonnement du Philoſophe Grec, ſans oſer admettre ſes principes, ils ſe ſont jettés dans un labyrinthe de difficultés, dont il leur eſt impoſſible de ſortir. Pour s'en convaincre, il ſuffit d'examiner cette preuve ſi claire & ſi évidente. La voici.

La matiere eſt incapable de penſer : or il y a en moi quelque choſe qui penſe; donc il y a en moi une ſubſtance différente de la matiere, & c'eſt ce que j'appelle eſprit. On conçoit que dans cet argument toute la difficulté conſiſte dans la majeure, ou dans la premiere propoſition: car s'il eſt vrai que la matiere ſoit incapable de penſer, certainement par ce raiſonnement l'exiſtence de l'esprit est parfaitement démontrée. C'est donc ce qu'on ne peut discuter avec trop de soin : sur quoi je prie mes Lecteurs de faire avec moi les réflexions suivantes.

Personne n'ignore qu'en bonne Logique, dans toute proposition il faut connoître les deux termes, le prédicat & le sujet : parlons intelligiblement. On convient que pour nier ou pour affirmer quelque chose d'une autre chose, il faut que toutes deux soient également & réellement connues. Ainsi pour assurer, par exemple, que Dieu est bon, il faut que j'aie nécessairement une idée de Dieu, & une idée de la bonté. Or dans cette proposition : la matiere est incapable de penser, je demande ce que l'on connoît ? Est-ce la matiere ? Nos Métaphysiciens ne manqueront pas d'en convenir ; & ils la définiront d'abord une substance étendue. Mais si je pousse la question plus loin, & que je veuille sçavoir pourquoi ils ne reconnoissent que de l'étendue dans la matiere, ne seront-ils pas forcés d'avouer, que c'est parce qu'ils n'y connoissent que cela. Grands Philosophes ! est-ce donc là le fruit de tant de méditations & de tant de veilles ? Nous ne connoissons, dites-vous, dans la matiere autre chose que de l'étendue: de ce principe tout autre moins présomptueux concluroit simplement, qu'on ne peut assurer que la matiere pense. Mais ce sentiment est trop bas & trop ingénu pour des Philosophes ; & de leur ignorance ils prétendent faire le fondement d'une vérité incontestable. Nous ne sçavons point, disent-ils, que la matiere puisse penser; donc elle est incapable de penser. Pitoyable raisonnement ! On ne découvre dans la matiere que de la longueur, de la largeur & de la profondeur : j'en conviens ; mais peut-on dès-lors se croire en droit d'en conclure ; qu'elle ne renferme que cela ? croit-on donc avoir pénétré parfaitement la nature & toutes les propriétés de la matiere ? Si à l'arrivée des Européens en Amérique, quelqu'un d'eux eût dit aux originaires du pays, en leur montrant un canon, & autant de poudre qu'il peut en tenir dans un grain de mil : en mettant quelques livres de cette poudre dans ce canon, je vais lancer à cinq cens pas un boulet de soixante livres de bale ; les Habitans du nouveau Monde se seroient récriés contre l'impossibilité de cette proposition, & on les auroit traités d'ignorans & de barbares. On eût eu raison : peut-on raisonner de ce qu'on ignore? Ne tient-il qu'à dire, je ne sçais pas que telle chose se puisse, pour en conclure aussi-tôt qu'elle ne se peut point ? Pour parler affirmativement des effets que la poudre à Canon est capable de produire, il faut d'abord en bien connoître la nature. Mais le raisonnement de nos Métaphysiciens est encore moins pardonnable, que celui de ces Iroquois. Ces Sauvages avoient du moins l'idée d'un boulet de soixante livres : au contraire, non-seulement nos Philosophes ignorent la nature &

toutes les propriétés de la matiere ; ils connoissent encore moins celle de la pensée : ensorte qu'il est vrai de dire, qu'ils ont raisonné sur deux choses, qui leur étoient également & parfaitement inconnues.

En effet la pensée est un mode ou une substance. Si ce n'est qu'un simple mode, qui me persuadera qu'elle ne peut convenir à la matiere comme à l'esprit ? Certainement le mouvement n'est point matiere : il n'est ni long, ni large, ni étendu ; & si on lui attribue quelquefois ces propriétés, ce n'est que métaphoriquement, & en tant qu'il est joint à la matiere. Cependant on ne peut nier, que le mouvement qui est une propriété de l'esprit, ne convienne également à ce que nous connoissons sous le nom de corps. Prétend-on au contraire que la pensée est une substance ? Mais cette substance, la distingue-t'on de l'ame, ou veut-on la confondre avec elle, comme Platon ? Si la pensée est une substance distinguée de l'ame, voilà dès-lors l'ame, la penſée, la volonté peut-être, trois ſubſtances ſpirituelles diſtinguées entr'elles, & réunies dans un même corps. Bien plus, ſi la penſée eſt une ſubſtance diſtinguée de l'ame, quel rapport ſa ſpiritualité, quoique prouvée, peut-elle avoir avec la ſpiritualité de l'autre ? Que ſi de l'ame & de la penſée on ne fait qu'une ſeule & même ſubſtance, il faudra dire que dans l'homme il y a autant d'ames, autant de ſubſtances, que de penſées ; ce qui eſt abſurde.

Je vais plus loin, & je dis que non-ſeulement nos Métaphyſiciens ignorent la nature de la matiere & celle de la penſée, mais qu'ils ne connoiſſent pas même celle de l'eſprit. Ils en conviennent. Nous ne la connoiſſons pas poſitivement, diſent-ils : nous ne voyons point l'eſprit ; il ne tombe point ſous nos ſens ; nous n'en avons pas une idée claire, diſtincte & poſitive ; en un mot nous ne pouvons pas le définir poſitivement, & dire préciſément ce que c'eſt. Mais nous le connoiſſons du moins négativement, & nous pouvons dire ce que ce n'eſt pas. C'eſt-à-dire, que lorſqu'on n'a aucune idée d'une choſe, & qu'elle eſt inconnue, on ne peut pas dire, à la vérité, ce que c'eſt ; mais que rien n'empêche que l'on ne puiſſe dire ce qu'elle n'eſt point ? Je l'avoue ; tout autre qu'un Philoſophe s'y ſeroit mépris, & n'auroit jamais imaginé un ſi beau ſecret. Mais je m'en contente ; & de cette diſtinction frivole de connoiſſançe poſitive, & de connoiſſance négative, je conclus que puiſque nos Métaphyſiciens ne connoiſſent l'eſprit que négativement, puiſqu'ils ne peuvent pas dire ce que c'eſt, mais ſeulement ce que ce n'eſt pas, ils ont tort d'aſſurer qu'il eſt capable de penſer.

Mais avant que d'affirmer d'une choſe ce qu'elle eſt ou ce qu'elle n'eſt point, ne ſeroit-il pas à propos de s'aſſurer préalablement qu'elle exiſte ? Autrement nous raiſonnons en l'air, & nous apprêtons à rire, de même que ceux qui après s'être beaucoup fatigués à trouver les raisons de quelque évenement : après de longues & pénibles recherches, son tout surpris d'apprendre que le fait en question est imaginaire, & n'a jamais eu de réalité. Or je demande quelle preuve la raison peut nous fournir de l'éxistence de l'esprit ? On dira sans doute, que c'est une conséquence nécessaire de l'existence de la pensée puisque la pensée ne pouvant convenir à la matiere, elle suppose nécessairement l'existrence d'une autre substance qui ne soit point matiere, & dont elle soit l'effet. Or cette derniere substance, nos Philosophes l'appellent esprit. Reprenons ce raisonnement : le voici. La pensée ne peut convenir à la matiere ; donc l'esprit existe. Et pourquoi la pensée ne peut-elle convenir à la matiere ? C'est, dit-on, parce qu'elle est spirituelle. Ainsi de la nature de la pensée on conclud l'existence de l'esprit ; & de

l'existence

l'existence de l'esprit on infere que telle est la nature de la pensée. Voilà le cercle. Après cela ai-je eu tort d'avancer d'abord, que la prétendue démonstration de nos Métaphysiciens n'étoit qu'un pur sophisme, & une pétition de principe?

Que seroit-ce, si approfondissant davantage cette question, j'ajoutois que si l'ame humaine est véritablement d'une nature spirituelle, elle ne peut l'être, qu'elle ne soit en même tems un être parfaitement simple; & que par conséquent, suivant le raisonnement de Platon, de Cicéron & de la raison même, elle est un Ange, elle est Dieu: Que cette distinction qu'on voudroit introduire entre les substances spirituelles, est toute gratuite & sans fondement: Que la simplicité faisant leur essence, & cette qualité n'étant susceptible ni du plus ni du moins, tout être qui la possede & dont elle constitue la nature, doit la posséder dans le plus haut degré, sans qu'aucun autre puisse jamais être plus pur ou plus simple : Que ces rangs & ces degrés entre les esprits sont par conséquent chimériques & imaginaires : Qu'au reste si malgré ce qu'en dit la raison, il est permis d'imaginer des esprits plus purs les uns que les autres, on peut à bien plus juste titre admettre des distinctions dans la matiere, & croire qu'elle n'est pas toute aussi grossiere, aussi insensible, aussi aveugle que celle que nous connoissons ; & que si ces esprits plus purs peuvent ce qu'un esprit moins pur ne peut point, il n'est pas absurde de penser qu'une matiere plus pure, plus déliée, qui ne tombe point sous nos sens, & dont nous ignorons la nature ainsi que de l'esprit, puisse produire certaines opérations dont la matiere ordinaire & commune nous semble absolument incapable.

Je pourrois encore demander à nos Philosophes, quel est l'emploi de cette ame spirituelle dans le corps humain ? Y a-t'elle été placée, afin que par ses ordres les esprits animaux coulent dans les membres qu'elle veut mouvoir ? Mais outre quelle ignore le plus souvent l'économie de ce corps qu'elle remue, & que la plûpart des ames ne sçavent pas seulement s'il y a des esprits animaux, ou ce que c'est, prétend-on que ce mouvement que l'ame communique aux esprits, elle l'a d'elle-même & par sa nature ? En ce cas il faut donc en revenir au systême de Platon, & confondre l'ame avec la Divinité. Que si elle reçoit ce mouvement d'ailleurs, de quelle utilité est-elle à l'homme, puisque la cause étrangere qui la meut, est également puissante pour remuer immédiatement la matiere ? On dira sans doute, que l'ame spirituelle a été donnée à l'homme, afin qu'à l'occasion de certaines pensées de l'ame, Dieu soit excité à déterminer le mouvement des esprits. Mais la difficulté revient toujours, puisque pour avoir certaines pensées, ou l'ame a besoin du même concours de Dieu qui est nécessaire pour déterminer le cours des esprits, ensorte qu'il faudra remonter à l'infini pour trouver en quoi elle est utile à l'homme; ou elle peut les produire indépendamment de ce concours, ce qui l'égale encore à la Divinité, & en fait un être aussi indépendant que Dieu même.

On objectera peut-être que si l'ame n'est pas spirituelle, si elle n'est pas distinguée du corps, si elle est matérielle comme lui, il s'ensuit que le sentiment accompagne toujours le corps, qu'il ne cesse pas même dans les cadavres, & qu'on se flateroit en vain qu'il ne persévérât point après la mort; & on ne nie pas que cette objection ne pût avoir lieu contre ceux, qui ne regarderoient la vie & le sentiment que comme une vertu répandue dans tous les corps, essentielle au corps, & qui ne peut en être séparée (a). Mais il est évident qu'elle ne prouve rien contre ceux qui regarderoient

(a) Voyez Bayle, au mot DICÉARQUE, Note (c)

l'ame comme une ſubſtance corporelle, à la vérité, mais cependant diſtincte du corps. En ce cas dès l'inſtant que cette ame eſt cenſée ſéparée du corps auquel elle étoit unie, on conçoit que dès ce moment tout ſentiment doit ceſſer dans les cadavres.

Il eſt vrai qu'on peut dire, que puiſque cette ame qu'on ſuppoſe matérielle eſt capable de ſentiment, il s'enſuit que le ſentiment n'eſt pas moins une propriété eſſentielle à la matiere, que l'étendue; que par conſéquent, comme il ne peut y avoir de corps qui n'ait cette derniere propriété, il n'y a aucune portion de la matiere dans laquelle on ne doive trouver la premiere; qu'ainſi le ſentiment n'eſt pas moins eſſentiel à un cadavre, aux pierres, aux métaux, qu'à cette portion de matiere qu'on appelle l'ame, & à laquelle on attribue cette propriété privativement à toute autre. Par cet argument qu'on regarde comme invincible (a), on croit pouvoir dé-

(a) Voyez Bayle, *ubi ſuprà.*

montrer qu'en supposant même que le sentiment n'est qu'une modification du corps, on ne sçauroit dire que la matiere puisse cesser de sentir, sans qu'elle perde quelque chose de ce qui lui est essentiel. Car, dit-on, toutes les modalités sont de telle nature, qu'elles ne cessent, que pour faire place à une autre modalité de même genre. Il n'y a point de figure qui soit détruite que par une autre figure, point de couleur qui soit chassée que par une autre couleur. D'où l'on conclud que pour raisonner juste, il faut dire qu'il n'y a point de sentiment qui soit chassé que par un autre sentiment, & que si les esprits animaux n'ont pas hors des nerfs le sentiment qu'ils y avoient, ils ne l'ont perdu, qu'en acquérant une autre sorte de sentiment.

Mais pour sentir d'abord le foible de cette objection que l'on regarde mal à propos comme insoluble, il suffit de faire attention que ce long raisonnement roule uniquement sur une équivoque, & que rien n'est plus facile que de lever la difficulté, en supposant que le sentiment soit une propriété, non pas de la matiere & du corps en général, mais de telle matiere, de tel corps en particulier, par exemple, de la matiere organisée. Pour fonder cette réponse, il suffit que nous ne connoissions aucun corps organisé qui ne sente point, & aucune matiere, qui sans le secours de l'organisation, soit capable de sentiment. Or, de cette vérité incontestable, il s'ensuit nécessairement que le sentiment ne doit se rencontrer dans aucun corps, qu'autant qu'on le suppose organisé; que par conséquent les esprits animaux ne peuvent conserver aucun sentiment hors des nerfs, puisqu'outre qu'à leur sortie des nerfs ils cessent eux-mêmes d'être esprits animaux, changeant alors de propriété, je veux dire de mouvement & de figure, ils sont dès-lors privés du secours des organes dans lesquels se produit le sentiment; & qu'enfin le sentiment ne doit se rencontrer ni dans la pierre, le bois ou les métaux, ni dans les cadavres. Je ne me suis étendu sur cet article, que pour faire voir que nos Philosophes ont beau se flater d'avoir perfectionné la Métaphysique; qu'ils ont beau se vanter d'être plus subtils & plus éclairés que les Anciens; que malgré tout leur sçavoir & toute leur pénétration, ils n'ont rien dit, que ce que Platon avoit dit avant eux sur le sujet dont il s'agit ici; & qu'au lieu que dans sa façon de penser il raisonnoit conséquemment, ils n'ont fait que déraisonner en voulant accommoder ses raisonnemens à leurs principes.

Je reviens aux Dialogues de ce Philosophe. Ils eurent d'abord beaucoup de succès, & lui acquirent un grand nombre de Disciples. Mais soit que son systême sur la nature de l'ame fût inintelligible, soit que l'esprit humain, naturellement porté vers les choses sensibles, ne pût s'accoutumer à ses raisonnemens abstraits, il arriva qu'il fut fort applaudi sans être entendu, & que la plûpart ne pouvant se défaire de l'idée matérielle qu'ils s'étoient toujours formée de leur ame, continuerent de se la représenter comme auparavant.

Jamais le Platonisme ne fut plus en vogue, qu'au tems de l'établissement de l'Evangile; & jamais les hommes n'ont eu une idée plus grossiere & plus imparfaite de la nature de l'esprit. Non-seulement ils ne spiritualisoient point cette substance qui nous anime, ils donnoient même des corps à ces êtres si élevés au-dessus de la nature humaine, aux Anges, aux Démons. Le fameux Philon Juif, en qui on disoit que l'ame de Platon avoit passé, & après lui tous les premiers Chrétiens, parmi lesquels on comptoit d'illustres Platoniciens, tels qu'Athénagore, S. Justin, S. Clément d'Aléxandrie, Origenes &c. n'en avoient point d'autre idée, lorsqu'ils assuroient que les enfans de Dieu ; qui au commencement du monde eurent commerce avec les filles des hommes, n'étoient autre chose que les Anges qui habiterent avec les femmes, & que de ce commerce naquirent les Géans ou les Démons(a). L'esprit de Dieu descendu récemment sur les Apôtres & sur les Disciples, n'en étoit pas mieux connu de ces mêmes hommes, qui venoient d'en être remplis. L'histoire de cet évenement, tel qu'il est rapporté au commencement des Actes, ne nous persuade que trop, qu'ils se l'imaginoient seulement comme un vent violent & un feu sub-

(a) C'étoit l'opinion commune des Peres des premiers siécles. Voici de quelle façon S. Clément d'Alexandrie s'en exprime : Δεῖγμα σοι τούτων οἱ ἄγγελοι, τοῦ Θεοῦ τὸ κάλλος καταλελοιπότες διὰ κάλλος μαραινόμενον, καὶ τοσοῦτον ἐξ οὐρανῶν ἀποπεσόντες χαμαί. *Pædag. lib. 3. cap. 2.* V. le même Pere, *Strom. lib. 3. &* 5. Athenagore, *Apol. pro Christ.* Lactance, *Div. Instit. lib. 2. cap. 14.* Philon, *lib. de Gig.* &c.

til. Mais pour ne parler ici que de ce qui regarde l'ame, nous allons faire voir que, quoique les premiers Chrétiens eussent une vénération très-particuliere pour Platon, qu'ils regardoient comme celui de tous les Philosophes qui eût le mieux parlé de la Divinité, ils n'en comprenoient pas mieux son systême, & n'en avoient pas une idée moins grossiere & moins matérielle de la nature de l'ame.

Tatien qui dit dans un endroit que les Anges & les Démons sont des substances spirituelles, c'est-à-dire, selon lui, semblables au feu ou à l'air (*a*); assure un peu plus haut que l'ame est non-seulement corporelle, mais même mortelle. Il ne veut admettre aucune différence entre les bêtes &

(a) Δαίμονες δὲ πάντες σαρκίον μὲν οὐ κέκτηνται, πνευματικὴ δέ ἐστιν αὐτοῖς ἡ σύμπηξις, ὡς πυρὸς, ὡς ἀέρος. Tatian. *Orat. ad Græc. cap.* 25.

les hommes, qu'autant que ceux-ci font habiter Dieu en eux par leur piété (*a*).

Théophile d'Aléxandrie parle de l'immortalité d'une maniere assez embrouillée. Cependant il n'est pas impossible de démêler quelle est sa pensée sur ce sujet. Après avoir dit de l'ame, que quelques-uns la croient immortelle, il ajoûte que néanmoins on ne peut concevoir que ce qui est immortel ne soit pas Dieu (*b*).

Saint Justin enseigne positivement & sans détour, qu'on ne doit pas dire que l'ame est immortelle : car, ajoute t'il, ce qui est immortel est incréé (*c*).

Saint Irenée ne s'exprime pas moins clairement. Les ames, selon ce Pere, ayant commencé d'être, il seroit naturel qu'elles finissent de même; mais Dieu par sa toute-

(*a*) Idem, *ibid. cap.* 21.
(*b*) Theophil. *ad Autolyc. lib.* 2.
(*c*) *Non ipsam* (animam) *oportet dicere immortalem : quod enim immortale est, & ingenitum esse necesse est.* Justin *Dial. cum. Tryph.*

puissance les conserve éternellement (a). Il est inutile d'avertir ici, qu'il est égal de dire que l'ame est mortelle, ou d'assurer qu'elle est corporelle. Tout le monde sçait que l'ame n'est immortelle, qu'autant qu'elle est spirituelle, parce que l'esprit est nécessairement immortel par sa nature : ainsi ce qui est mortel ne peut être esprit. Par conséquent Saint Justin, S. Irenée & Théophile, en disant que l'ame est mortelle, assurent en même

(a) *Si qui autem hoc in loco dicant, non posse animas eas, quæ paulò antè esse cœperint, in multum temporis perseverare, sed op::tere eas, aut innascibiles esse, ut sint immortales, vel si generationis initium acceperint, cum ipso corpore mori : discant, quoniam sine initio & sine fine, verè & semper idem, & eodem modo se habens, solus Deus est, qui est omnium Dominus. Quæ autem sunt ab illo omnia, quæcunque facta sunt, & fiunt, initium quidem suum accipiunt generationis; perseverant autem & extenduntur in longitudinem sæculorum secundùm voluntatem factoris Dei.* Et apres avoir rapporté l'exemple du Soleil, de la Lune & des Etoiles, il ajoute : *Sic & de animabus & de spiritibus, & omninò de omnibus his, quæ facta sunt, cogitans quis minimè peccabit.* Iren. *adv. Hær. lib. 2. cap. 64.*

tems qu'elle est corporelle.

Il n'est pas étonnant que Tertullien ait fait l'ame corporelle, puisqu'il attribue un corps à Dieu même (a). Il n'avoit vraisemblablement d'autre idée de l'esprit, que celle d'une matiere extrêmement subtile : car voici comment il parle de la Divinité. » Quoi-

(a) Il est difficile de justifier les Peres des premiers siécles sur ce qu'ils ont crû l'ame corporelle. Il est certain que ce sentiment a été très-commun parmi eux. Peut-être pourroit-on dire qu'ils ne lui ont attribué un corps ainsi qu'aux Anges, & quelquefois à Dieu même, que pour donner à entendre que ce n'étoit point un simple mode, une maniere d'être, mais une substance réelle subsistante par elle-même. Peut-être aussi le plus court seroit-il d'avouer qu'ils ont pû se tromper sur cet article. Il n'en est pas de même de ceux d'entr'eux qui ont nié que l'ame fût immortelle. Ceux qui soutiennent aujourd'hui la même opinion se flateroient en vain de leur autorité pour appuyer leur erreur, comme si malgré ce que la Religion enseigne, ces anciens Docteurs de l'Eglise avoient nié l'immortalité de l'ame. Tout ce qu'on peut conclure de ce qu'ils ont écrit à ce sujet, est qu'ils ont nié que l'ame fût immortelle de la maniere dont Dieu est immortel ; c'est-à-dire, nécessairement, par son essence & sa nature, & de la maniere dont

» que Dieu, dit-il (a), soit un esprit, qui » peut nier qu'il ne soit un corps, l'esprit » n'étant autre chose qu'une espéce de corps, » accompagné d'une figure qui lui est pro- » pre? « Dans un Traité exprès qu'il a composé sur l'ame, il prouve par de longs raisonnemens que cette substance est corporelle (b); qu'elle est de même figure que le corps qu'elle habite; qu'elle est produite en

Platon entendoit cette immortalité, qu'il confondoit avec l'éternité, qui ne convient qu'à la Divinité seule. En un mot on a lieu de croire que ces premiers Peres ont pensé à la vérité que l'ame étoit matérielle & mortelle de sa nature; mais que soumis à ce que la Religion nous enseigne, ils ont crû que Dieu lui avoit accordé l'immortalité par sa pure bonté & par sa grace. Si cette Théologie ne s'accorde pas avec la Philosophie de nos jours, au moins n'a-t'elle rien de contraire à la Doctrine de l'Evangile.

(a) *Quis negabit Deum corpus esse, etsi Deus? Spiritus enim corpus sui generis in suâ effigie.* Tertul. *lib. cont. Prax.*

(b) Voyez entr'autres le chapitre 7. où il prouve par l'histoire du mauvais Riche que l'ame est un corps, puisque celle du mauvais Riche etoit brûlée dans l'Enfer. Et n'importe, dit-il, qu'on prenne

nous au moment de la conception par l'ame de nos parens, de même que notre corps est engendré par le leur. Il est vrai qu'il dit aussi qu'elle est immortelle; mais il n'entend parler sans doute que d'une immortalité gratuite, & non d'une immortalité d'essence & nécessaire. S. Irenée donne aussi à l'ame une figure corporelle (a).

Arnobe s'emporte contre Platon, & contre les autres Philosophes qui ont fait l'ame immortelle (b): il dit que c'est un effet de leur orgueil; que l'ame est naturellement mortelle, mais que Dieu la conserve par sa

cette histoire pour une parabole. *Si enim non haberet anima corpus, non caperet imago animæ imaginem corporis, nec meminitur de corporalibus membris Scriptura, si non erant.* Voyez aussi le chapitre 9. où il donne à l'ame les trois dimensions avec une figure corporelle, & où il dit qu'elle est de la couleur de l'air.

(a) *Per hæc manifestè declaratum est, & perseverare animas, & habere hominis figuram.* Iren. *adv. Hær. lib.* 2. *cap.* 63.

(b) Arnob. *lib. cont. Gent.*

bonté

bonté. Il assure, comme Tertullien, que ce sont les parens qui engendrent le corps & l'ame.

Lactance, après avoir parlé de la diversité des opinions sur la nature de l'ame, établit son systême comme une doctrine beaucoup plus raisonnable, & soutient qu'elle est une lumiere qui se nourrit de l'humeur du sang, de même que la lumiere d'une lampe se nourrit de celle de l'huile (*a*).

Sans parler de Jamblique, de Porphyre & de plusieurs autres Platoniciens Payens du même tems, ceux qui faisoient profession de cette secte dans le Christianisme avoient

(*a*) *Alii sanguinem esse dixerunt, alii ignem, alii ventum, unde anima vel animus nomen accepit, quòd Græcè ventus ἄνεμος dicitur . . . Videtur ergò anima similis esse lumini, quæ non ipsa sit sanguis, sed humore sanguinis alatur; ut lumen oleo.* Et plus bas: *Nec tamen in tantum eos falsos esse dicendum est, qui hæc senserunt, ut omninò nihil dixerint. Nam & sanguine simul, & calore, & spiritu vivimus. Sed cùm constet anima in corpore his omnibus adunatis, non expresserunt propriè quid esset.* Lact. de Opif. Dei, cap. 17.

une idée toute matérielle de la nature de l'esprit. Pour s'en convaincre, il suffit de lire ce que dit Psellus, qui s'appuyant sur l'autorité des Peres, sur tout de S. Basile, assure que les Anges & les Démons peuvent être vus & touchés, & qu'on sçait par des faits certains qu'il y en a eu qui se sont brûlés, & qui ont laissé de leurs cendres. Synésius, Evêque de Ptolémaïde & grand Platonicien, dit grossiérement, que l'ame a un corps subtil & aërien, avec lequel elle s'envole au Ciel, quand elle quitte son corps grossier & terrestre (a).

Nous aurions un plus grand nombre de preuves de l'idée toute matérielle que les Chrétiens de ces premiers tems avoient de leur ame, si parmi eux un grand nombre s'étoit avisé d'écrire sur cette matiere. Ce que j'ai rapporté plus haut d'un des plus anciens conciles de l'Eglise (b), en nous faisant

(a) Synes. *De insomniis.*
(b) Voyez *chap.* 3.

connoître l'opinion commune de ceux qui le composoient, doit nous confirmer dans cette pensée. J'ajouterai même, qu'un Concile beaucoup plus célebre que celui d'Elvire, peut être soupçonné d'avoir eu une idée fort imparfaite de la nature de l'esprit. Je parle du sixiéme Concile œcuménique, où Sophronius Patriarche de Jérusalem ayant avancé que les ames, ni même les Anges, n'étoient point immortels ni incorruptibles de leur nature, mais seulement parce que Dieu leur a accordé la spiritualité & l'immortalité, le Concile ne l'en reprit point, & ne censura pas sa doctrine.

Mais si l'on confondoit autrefois l'esprit avec la matiere, en se représentant l'ame comme une substance corporelle, on peut dire qu'en récompense on attribuoit aussi à la matiere des propriétés, qu'on a crû depuis ne convenir qu'à l'esprit. On croit aujourd'hui que le corps est incapable d'aucun sentiment de plaisir ou de douleur (*a*) : au contraire on s'imaginoit autrefois que le corps seul étoit capable de ces sentimens. Non-seulement les premiers Chrétiens (*b*), mais généralement tous les Philosophes, & Platon lui-même, l'ont pensé de la sorte. On croyoit l'ame susceptible de joie, de tristesse, de desir, d'inquiétude; mais à l'égard de ces sentimens vifs qu'on appelle proprement plaisir & douleur, on l'en jugeoit absolument incapable. C'est pour cette raison que parmi les Payens ceux qui ont fait quelque attention sérieuse à ce que l'on disoit de l'autre monde, ne comprenant pas que l'on pût souffrir sans avoir un corps, ont enfin cessé de le croire, & s'en sont moqués, comme Cicéron nous l'apprend (*c*).

(*a*) Ce n'est que depuis l'établissement du Cartésianisme, que cette opinion a prévalu dans l'Ecole.

(*b*) Voyez ce qui a été dit plus haut de Tertullien, *pag*. 127. *Not*. (*b*).

(*c*) *Tantùmque valuit error, qui mihi quidem jam*

Mais aussi, comme en reconnoissant un Dieu juste, qui doit punir les crimes & récompenser les vertus, on ne sçauroit comprendre comment il peut exercer sa justice, si les ames sont incapables de douleur & de plaisir, la résurrection des corps, qui, comme nous l'avons vû (a), est une opinion tirée de la Théologie des Mages, fut d'abord adoptée par les Juifs, comme un moyen qui remedioit parfaitement à cette difficulté : la Religion Chrétienne cimentée par la mort & la résurrection de Jesus-Christ l'a depuis embrassée, & en a fait le fondement de notre espérance. En effet, la Religion à part, il est certain que les premiers Chrétiens ne donnent point d'autre raison de la nécessité de la résurrection future. Athénagore qui a traité exprès cette matiere, ne dit autre cho-

*sublatus videtur, ut corpora cremata cùm scirent; tamen ea fieri apud inferos fingerent, quæ sine corpore nec fieri possent, nec intelligi.* Cic. *Tusc. Quæst. lib.* 1.

(a) Voyez plus haut chap. 3. *pag.* 83. *Not.* (a).

se (a) sinon que Dieu étant juste, doit donner aux uns la récompense qui leur est dûe, & faire souffrir aux autres la peine qu'ils ont méritée. Tertullien en a parlé de même, en y ajoutant seulement quelques autres preuves, qu'il est inutile d'examiner ici (b).

Ce que nous venons de dire de l'opinion qu'on avoit conservée sur la nature de l'ame, & de l'idée peu spirituelle que l'on continuoit de s'en former long-tems même après l'établissement du Platonisme, doit nous convaincre de l'extrême difficulté avec laquelle le systême de la spiritualité de l'ame s'est établi dans l'esprit des hommes. Il fallut renoncer à une maniere de penser ancienne, naturelle & facile, pour en embrasser

(a) Athenag. *De Resur. mort.*

(b) *Hæc erit tota causa, imò necessitas resurrectionis, congruentissima scilicet Deo destinatio judicii, de cujus dispositione dispicias, an utrique substantiæ humanæ dijudicandæ censura divina præsideat, tam animæ, quàm corpori. Quod enim congruit judicari, hoc & competit ressuscitari,* Tertul. *de Resur. carnis*, *cap.* 14.

une nouvelle, difficile & abstraite. Il fallut soumettre & imposer silence à une imagination rebelle, qui jusques-là s'étoit toujours crûe en droit de former seule & de représenter cette ame, à laquelle on vouloit qu'elle n'eût plus aucune part. Tout cela coûta bien des efforts, & consuma beaucoup de tems. Cependant à force de s'appliquer, de méditer & de raisonner sur cette question, on se dégagea insensiblement de la matiere; peu à peu les esprits se subtiliserent; & on parvint enfin à se persuader qu'il étoit essentiel à l'immortalité de l'ame, que cette substance ne fût point un corps. Il resta sans doute beaucoup d'hommes, qui conserverent encore leurs images grossieres, puisqu'il s'en trouve meme aujourd'hui de ce caractere. Hippocrate continua d'avoir des sectateurs: Empédocle & Démocrite en eurent de même; mais Platon prévalut. Son opinion devint la plus générale & la plus suivie; & non seulement on convint que l'ame étoit immortelle : on lui accorda aussi la spiritualité, qu'on lui avoit si long-tems refusée (a).

## CHAPITRE V.

*De ceux qui ont rejetté l'immortalité de l'ame.*

POur donner une connoissance entiere & parfaite de ce que les hommes ont pensé autrefois sur la nature de l'ame, il ne suffit pas d'avoir parlé de ceux qui l'ont crûe immortelle ; il faut encore faire connoître ceux qui lui ont refusé l'immortalité, ou qui du moins ont regardé cette opinion comme fort équivoque & très-incertaine. Si ces derniers sont les moins considérables par leur nombre, ils l'emportent de beaucoup d'ailleurs par leur esprit & par leur mérite.

(a) *Obtinuit non minùs de æternitate ejus, quàm de incorporalitate sententia.* Macrob. in Som. Scip. lib. 1. cap. 14.

On est surpris de voir qu'une doctrine aujourd'hui si établie dans le monde a été ou rejettée par des hommes éclairés, ou regardée seulement comme une question douteuse, qui servoit à exercer les esprits, & qui n'a jamais été reçue que par des ignorans & des hommes crédules. On est encore plus étonné d'apprendre que chez des Nations, où l'immortalité étoit établie, il se trouvoit encore des partis nombreux pour l'opinion contraire *(a)*; & que des Peuples presque entiers, après en avoir été imbus pendant plusieurs siécles, l'ont enfin méprisée, & l'ont regardée comme une fable & une chimere.

Nous avons dit que l'amour propre ayant produit dans le cœur des hommes un desir

*(a)* C'est ce que Mela nous apprend des Thraces. Après avoir dit que parmi eux, *alii redituras putant animas obeuntium; alii, etsi non redeant, non extingui tamen, sed ad beatiora transire*; il ajoute: *alii emori quidem, sed id melius esse, quàm vivere.* lib. 2. cap. 2.

confus, une croyance incertaine de l'immortalité (a), la politique avoit établi cette opinion parmi eux comme une vérité constante. Ainsi nous devons commencer par mettre à la tête de ceux qui n'ont point crû l'ame immortelle, ces hommes sages, ces Législateurs habiles, qui étant eux-mêmes les auteurs de son immortalité, ne pouvoient la regarder que comme leur propre ouvrage. Les Historiens qui nous apprennent ces faits, doivent être placés immédiatement après, puisque l'on ne peut imaginer qu'ils ayent été persuadés d'une doctrine, dont ils attribuoient l'invention à d'autres d'une maniere toute humaine & toute naturelle. Pouvons-nous penser qu'Hérodote ait crû l'ame immortelle, lorsqu'il assure si positivement, que l'opinion de son immortalité a pris naissance chez les Egyptiens, & que ce sont eux qui l'ont communiquée au reste du monde ? La plûpart

(a) Voyez plus haut, *chap.* 2. & consultez la Note.

des Anciens qui ont parlé de même touchant l'origine de cette opinion, ont-ils pu la regarder autrement que comme une invention humaine, quoiqu'ancienne? Croirons-nous que Diodore, César, Mela, Strabon, lorsqu'ils nous apprennent l'établissement de l'immortalité chez les Thraces, & chez les Gaulois, ayent eu un grand respect pour une doctrine, qu'ils croyoient avoir été introduite par la Politique *(a)*? Ceux des Anciens qui, comme je l'ai dit *(b)*, attribuent à la Politique d'une maniere encore plus forte toutes les opinions répandues parmi les hommes touchant une autre vie,

*(a)* Il est certain que Diodore, Livre premier, traite de Fables tout ce qu'Orphée avoit débité des Enfers, prétendant que tout ce que ce Poëte avoit dit du Tartare & des Champs Elysées, de l'Achéron, de Charon, de Cerbere, &c. il l'avoit tiré de ce qui se pratiquoit journellement en Egypte dans les funérailles. A l'égard de Strabon, voici ses propres paroles, liv. 15. *Texunt etiam fabulas quasdam, quemadmodum Plato, de immortalitate animæ, & de judiciis, quæ apud inferos fiunt.*

*(b)* Voyez ci-dessus, *chap. 2.*

n'en reconnoissoient probablement point d'autre après celle-ci.

Ce n'est pas mon dessein d'examiner ici l'un après l'autre tous les Historiens qui nous restent de l'antiquité ; mais je puis assurer qu'il n'y en a presque pas un seul, qui parût avoir crû l'ame immortelle, si l'on épluchoit ses pensées avec un esprit tant soit peu critique. Lorsque Denis d'Halycarnasse, par exemple, après avoir dit que la vertu n'est point inutile, si l'ame est immortelle, ajoute, comme quelques-uns le disent (a), ne voit-on pas que ces derniers mots marquent un homme plus dans la défiance que dans la persuasion d'une vérité, qu'il ne croit fondée que sur l'opinion de quelques-uns ? Quand Salluste fait dire à César en plein Sénat, que la mort n'est autre chose que la fin des

(a) Εἰ δὲ ἄφθαρτοι μέχρι τοῦ παντὸς τυγχάνουσιν αἱ ψυχαὶ ἡμῶν οὖσαι, καθάπερ οἴονταί τινες, ἀποχρῶσα τιμὴ φανεῖτ' ἂν τοῖς ἀρετὴν ἀσκοῦσι. Dionys. Hal. lib. 8.

miſeres humaines, & qu'après elle il n'y a ni peine à craindre, ni plaiſir à eſpérer (a), ne ſent-on pas que c'eſt-là le ſentiment propre de cet Auteur, & qu'il ne penſe point autrement, que celui qu'il fait parler ? Tite-Live, Tacite, Suétone, Quinte-Curſe, qui en traitant de la ſuperſtition des autres, paroiſſent en avoir été ſi éloignés, font remarquer en eux un eſprit trop revenu des opinions populaires, pour avoir donné dans celle qu'on regardoit alors comme la principale de toutes, & comme la ſource & le fondement de toute ſuperſtition.

Les Philoſophes qu'on peut à juſte titre nommer les Evangéliſtes de l'ame immortelle, puiſqu'ils ont répandu dans tout l'univers une doctrine, qui juſqu'à eux avoit été aſſez peu connue, ont-ils été bien convaincus eux-

(a) *De pœnâ, poſſum equidem dicere id quod res habet : in luctu atque miſeriis mortem ærumnarum requiem, non cruciatum eſſe ; eam cuncta mortalium mala diſſolvere ; ultrà neque curæ, neque gaudio locum eſſe.* Sall. de Bel. Catil.

mêmes de la vérité de ce dogme qu'ils enseignoient : Pythagore est le premier, qui ait découvert ces mysteres aux Grecs; il leur a appris que les ames passoient de toute éternité d'un corps dans un autre : il pouvoit peut-être en persuader quelques-uns ; mais lorsqu'il assuroit froidement qu'il se souvenoit d'avoir été coq, il y a beaucoup d'apparence qu'il ne comptoit pas lui-même bien sûrement, qu'il dût être quelque jour autre chose que Pythagore. Je dois même ajouter, que la nouvelle doctrine de ce Philosophe ne laissa pas de trouver des esprits peu crédules, entr'autres un certain railleur, qui voulant le tourner en ridicule, le pria de ne point partir pour l'autre monde sans l'en avertir, parce qu'il le chargeroit d'une lettre pour son pere qui étoit mort. Mais Pythagore lui répondit par une raillerie encore plus piquante : car il l'assura qu'il ne pourroit s'acquitter de cette commission, parce qu'il n'iroit point dans le lieu qui sert de demeure aux scélérats.

Tous les Philosophes qui après celui-ci firent de l'ame un sang subtil, un air, un feu, ne devoient pas non plus trop compter sur l'immortalité d'une substance, qui pouvoit s'éteindre ou se dissiper en sortant du corps. C'est pourquoi Socrate avoit raison de railler ceux qui étoient de ce sentiment, de la peur qu'ils avoient de mourir dans un lieu exposé au vent. Mais ce qui va sembler paradoxe, je soutiens que Platon lui-même, ce pere de la spiritualité, cet auteur de l'ame immatérielle, n'a jamais regardé ce qu'il a écrit sur cette matiere, que comme un jeu d'esprit & une pure supposition. Il dit si souvent, & à si peu de distance l'un de l'autre, le pour & le contre, lorsqu'il parle de l'état de l'ame après cette vie, que ceux qui regardent les sentimens de ce Philosophe avec respect, ne peuvent s'empêcher d'en être choqués & scandalisés. Tantôt il est de l'opinion de la Métempsycose (a), tantôt de

(a) *In Phædro.*

celle des Enfers (a), & tantôt de toutes les deux il en compose une troisiéme (b). Ailleurs il avoit imaginé une maniere de faire revivre les hommes (c) qui n'a nul rapport avec aucun autre de ses sistêmes. Dans un endroit il condamne les scélérats à rester dans le Tartare pendant toute l'éternité (d); dans un autre, il les en tire au bout de mille ans (e) pour les faire passer dans d'autres corps. Il dégrade les animaux de cette communauté d'ame dont ils avoient joui jusqu'alors avec les hommes, & leur ôte par conséquent l'immortalité; & dans un endroit il dit fort sérieusement (f), que les Cignes

(a) Voyez *ch. 3. pag. 63. Not.* (a)
(b) Voyez *ch. 3. pag. 67. Not.* (a)
(c) *In Politico.* Voyez *ch. 3 pag. 81.*
(d) Voyez *chap 3. pag. 63. Not* (a)
(e) Voyez *ch. 3. pag. 68. Not.* (a)
(f) *Sed ne hæ quidem mihi videntur aves, nec ipsi Cycni, ob dolorem canere: sed ideò, opinor, quòd sint dicatæ Apollini, atque adeo divinandi instinctu quodam præditæ, cùm ea prævideant bona, quæ sunt apud inferos, canunt, magisque eo die delectantur, quàm priori vitæ tempore.* Plato, *in Phædone.*

chantent

chantent un peu avant leur mort, parce qu'étant des oiseaux consacrés à Appollon, ils annoncent par leur chant les biens de la vie future dans laquelle ils vont entrer. Les contradictions lui sont familieres jusques dans la morale. Tantôt il veut que les femmes soient communes; & ailleurs il ordonne qu'on se marie, soumettant à des peines ceux qui ont atteint l'âge de trente-cinq ans sans entrer dans le mariage. Quelquefois il vante Homere, & le cite avec éloge; il le décrie ensuite, & le bannit de sa République. En un mot tout est traité chez lui d'une maniere problématique, incertaine, peu décidée, & qui laisse à ses Lecteurs un juste sujet de douter qu'il ait été lui-même persuadé le moins du monde de la vérité de ce qu'il avançoit.

Il faut que la question de l'immortalité de l'ame soit dangereuse à approfondir: car jamais il ne s'est vû un plus grand nombre d'incrédules & d'athées parmi les Grecs, qu'au tems où cette question y étoit le plus agitée. Tandis que ceux qui reçoivent ordinairement une opinion sans l'examiner, se laissoient persuader que leur ame étoit immortelle, les hommes d'un esprit moins facile à convaincre donnoient dans un sentiment tout contraire. Hippocrate, Dicéarque, Epicure & une infinité d'autres, refuserent à l'ame cette immortalité, qu'on vouloit lui attribuer. Protagore composa exprès un livre pour la combattre (*a*), & ce livre traitoit de ce qui se passe dans les Enfers. Dans ce tems parurent ces fameux Athées, qui oserent se roidir contre le torrent des opinions populaires, & les réfuter par leurs raisonnemens ; un Evhemere, un Théodore, un Diagoras si connu par ses bons mots impies (*b*) ; un Hippon de Melos, qui

(*a*) Ἔλεγέ τε μηδὲν εἶναι ψυχὴν παρὰ τὰς αἰσθήσεις. Diog. Laërt. *in Protag.*

(*b*) *Quid Diagoras, Atheos qui dictus est, posteàque Theodorus ? nonne apertè naturam Deorum justu-*

fit trophée de son athéisme même après sa mort, en ordonnant que l'on mît sur son tombeau cette Epitaphe composée par lui-même : *Ci-gît Hippon, que la Parque, en le privant du jour, a rendu semblable aux Dieux immortels* (a).

L'homme le plus illustre qui fût alors parmi les Grecs, Péricles, ne fut que trop soupçonné d'être dans les mêmes sentimens qu'Anaxagore & Aspasie. Le premier étoit son ami intime, & fut condamné à l'exil pour cause d'impiété : l'autre étoit sa Maîtresse ; & il ne la tira du danger qu'elle

*lerunt?* Cic. *De Nat. Deor. lib.* 1. *& lib.* 3. *Diagoras cùm Samothraciam venisset, Atheos ille qui dicitur, atque ei quidam amicus : Tu qui Deos putas humana negligere, nonne advertis ex his tabellis pictis, quàm multi votis vim tempestatis effugerint, in portumque salvi pervenerint? Ita fit, inquit : illi enim nusquàm picti sunt, qui naufragium fecerunt, in marique perierunt.*

(a) Ἵππωνος τόδε σῆμα, τὸν ἀθανάτοισι θεοῖσιν ἶσον ἐποίησεν μοῖρα καταφθίμενον.
Clemens Alex. *Cohort. ad Gent.*

couroit, qu'à force de prieres & de larmes (a). Alcibiades son neveu, qui avec une troupe de jeunes débauchés des premieres familles d'Athenes traita les saints Mysteres avec le dernier mépris (b), fit assez voir par cette action, qu'il se trouvoit des incrédules ailleurs que chez les Philosophes. Rien ne prouve davantage combien étoit grand parmi les Grecs le nombre de ceux qui doutoient de l'immortalité, que la maniere peu respectueuse & toute prophane avec laquelle ils traitoient leurs Dieux en plein Théâtre (c). On se jouoit & on se moquoit de ces mêmes Divinités, dont on auroit dû tout craindre & tout espérer après la mort, si on eût crû l'ame immortelle. Le peuple assistoit à ces spectacles; il y assistoit avec plaisir, & applaudissoit à ces libertés.

(a) Voyez Plutarque, *in Pericle*.
(b) Voyez Cornel. Nepos, *in Alcibiad. n°.* 3.
(c) Voyez les Comédies d'Aristophane.

Il est arrivé aux Romains la même chose qu'aux Grecs. Tant qu'ils ont vécu dans la simplicité, sans raisonner sur la nature de l'âme, ils l'ont crûe immortelle : aussi-tôt que leur esprit s'est raffiné, ils ont cessé de le croire, & ils ont de beaucoup surpassé les Grecs en incrédulité. Comme ils avoient un jugement solide, on trouve presque partout dans leurs écrits cette raison incompatible avec les fables, & toujours d'accord avec la nature *(a)*. Rien n'est plus commun, par exemple, que de rencontrer chez eux cette réflexion qui vient si naturellement à l'esprit, que ce qui n'a pas toujours été, doit de même cesser d'être.

(*a*) Il n'est pas surprenant que dans des siécles éclairés les Romains ayent eu mauvaise opinion de la Religion de leurs Peres. Elle étoit remplie de tant d'extravagances, que les dogmes ridicules qu'elle enseignoit, donnoient aux gens de bon sens un juste sujet de douter des vérités mêmes qu'elle avoit adoptées.

» La mort n'est rien, dit Lucrece (a), & » ce qui la suit ne nous intéresse point. » Comme ce qui s'est passé avant nous ne » nous importoit gueres : ainsi ce qui nous » arrivera après cette vie ne nous touchera » pas davantage. « Ailleurs (b) il compare le tems qui a précedé notre naissance avec celui qui doit suivre notre mort, & dit que l'un de ces tems ne nous regarde pas plus

(a) Nil igitur mors est, ad nos neque pertinet hilum ;
Et sicut anteacto nil tempore sensimus ægri,
Ad confligendum venientibus undique Pœnis :
Sic ubi non erimus, cùm corporis atque animaï
Dissidium fuerit . . . . .

*Lucret. lib.* 3.

(b) Respice autem quàm nil ad nos anteacta vetustas
Temporis æterni fuerit, quàm nascimur antè.

que l'autre. C'est la pensée de Séneque le Philosophe. » Vous n'avez point été, dit-il » *(a)*, vous ne serez point ; c'est la même » chose : l'un & l'autre de ces tems est étran- » ger pour vous. «

Cicéron est du même sentiment. » Un es- » prit ferme & éclairé, dit-il *(b)*, est sans » inquiétude : il méprise la mort, qui remet » les hommes au même état où ils étoient » avant que de naître. « Dans un autre endroit, parlant à des Juges, il ne craint point de dire que tout ce que nous perdons à la

Hoc igitur speculum nobis natura futuri
Temporis exponit post mortem denique
nostram.

*Ibid.*

(a) *Hæc paria sunt, non eris, nec fuisti : utrumque tempus alienum est.* Sen. Ep. 77. Voyez le passage de ce Philophe cité *chap.* 2. *pag.* 45. *Not.* (a).

(b) *Robustus animus & excelsus omni est libe curâ & angore, cùm & mortem contemnit, quâ qui affecti sunt, in eâdem causâ sunt, quâ antequam nati.* Cic. *De Fin. bon. & mal.*

mort, est de devenir insensibles à la peine (*a*).

Pline étend davantage la premiere pensée, & parle ainsi de l'immortalité avec son bon sens ordinaire (*b*). » Ce qui suit notre » dernier jour est de même nature que ce » qui a précedé le premier : le corps & l'ame n'ont pas plus de sentiment après la » mort, qu'ils en avoient avant la naissance. Mais la vanité humaine portant ses » vûes jusques dans l'avenir, a imaginé une

(*a*) *Nunc quidem quid tandem illi mali mors attulit? Nisi fortè ineptiis ac fabulis ducimur, ut existimemus illum apud inferos impiorum supplicia perferre... Quæ si falsa sunt, id quod omnes intelligunt, quid ei tandem aliud mors eripuit, præter sensum doloris?* Cic. *pr. Cluent.*

(*b*) *Omnibus à supremâ die eadem, quæ ante primum; nec magis à morte sensus ullus, aut corporis, aut animæ, quàm ante natalem. Eadem enim vanitas in futurum etiam se propagat; & in mortis quoque tempora ipsa sibi vitam mentitur, aliàs immortalitatem animæ, aliàs transfigurationem, aliàs sensum inferis dando, & manes colendo... Ceu verò ullo modo spirandi ratio homini à cæteris animalibus distet.* Plin. *Hist. lib.* 7. *cap.* 56.

» autre vie après celle-ci, & s'est promis » l'immortalité, soit par le moyen de la » Métempsycose, soit en inventant des En- » fers où l'on dût être encore capable de » sentiment. De-là est venu le respect qu'on » a pour les Dieux qui y président: comme » si les hommes avoient une vie différente » de celle des animaux. «

Mais le Poëte Séneque est celui de tous, qui a tourné cette pensée avec le plus de force & d'énergie. C'est dans une de ses Tragédies, où des Chœurs s'entretiennent ainsi: (a) » Est-ce une vérité, dit une partie du Chœur, » ou une fable inventée pour séduire les » esprits timides, que les ames vivent après

(a) Verum est? an timidos fabula decipit?
Umbras corporibus vivere conditis.
An toti morimur, nullaque pars manet
Nostri? . . . . . . . . .
Post mortem nihil est, ipsaque mors nihil,
Velocis spatii meta novissima.

» être séparées de leurs corps? ou bien de-» vons-nous croire que l'homme tout en-» tier est la proie de la mort, & qu'il ne » reste rien de lui après cette vie? « A quoi l'on répond: » Il n'y a rien à attendre » après la mort: la mort même n'est rien, » que le terme & la fin d'une vie très-» courte. Renoncez à tout espoir, bannis-» sez toute crainte. Voulez-vous sçavoir » où vous irez après la mort? Ce sera dans » ce même séjour qu'occupent ceux qui ne » sont pas encore nés. L'ame & le corps » meurent de compagnie: la mort n'épargne » pas plus l'un que l'autre. « Un autre Poëte exprime la même pensée en deux

Spem ponant avidi, solliciti metum.
Quæris quo jaceas post obitum loco?
Quo non nata jacent . . . . . .
Mors individua est, noxia corpori,
Nec parcens animæ . . . . . . .

Senec. *Troad. Act.* 2.

mots. » Tout retourne, dit-il (a), à son » premier être : ce qui étoit rien redeviendra rien. «

J'avois oublié d'avertir, que de tout tems on a été si convaincu de la vérité de cet axiome, que jamais ni Pythagore, ni Platon, ni aucun autre des Anciens, n'a prétendu que l'ame fût immortelle, qu'en la supposant éternelle, & qu'en parlant de sa nature, ils ont toujours confondu les termes d'immortalité & d'éternité. Les Chrétiens sont les premiers, qui n'osant avouer que l'ame fût éternelle, ont soutenu qu'elle étoit immortelle, quoiqu'elle eût eu un commencement. Mais en même tems ils ont reconnu, comme nous l'avons vû (b), que cette immortalité étoit une pure

(a) Ortus cuncta suos repetunt, matremque requirunt;
Et redit ad nihilum quod nihil ante fuit.

(b) Voyez le chapitre précédent, *pag.* 122. & *suiv.*

grace de Dieu, & que naturellement l'ame devoit finir avec le corps, ayant commencé avec lui.

Pour ne point entaſſer une infinité de paſſages d'Auteurs Latins, qui ſignifient tous la même choſe, il ſuffit de dire qu'on trouve par-tout chez eux une ſupériorité d'eſprit, qui leur fait rejetter avec mépris toutes les opinions vulgaires. L'un nous exhorte à nous défaire de cette malheureuſe crainte de l'autre monde *(a)*, qui empoiſonne toutes les douceurs de la vie, & ne laiſſe goûter aucun plaiſir pur & véritable. L'autre ſe récrie, dans le calme intérieur

(a) Et metus ille foràs præceps Acherontis agendus,
Funditùs humanam qui vitam turbat ab imo,
Omnia ſuffundens mortis nigrore, neque ullam
Eſſe voluptatem liquidam puramque relinquit.

Lucret. *lib.* 3.

que ressent un esprit dégagé des vains préjugés : *(a)* » Heureux celui qui remontant à » la source des choses, s'est défait de toute » crainte, qui se rit du destin, & a mis sous » ses pieds les frayeurs de l'insatiable Ache-» ron. « Celui-là fait compliment à un ami de ce qu'il a un esprit philosophe *(b)*, exemt des craintes de la mort, & qui méprise tout ce qui se dit des sorciers, des songes, des prodiges, des esprits & des lutins. Cet autre se

(a) Felix, qui potuit rerum cognoscere causas,
Atque metus omnes, & inexorabile fatum
Subjecit pedibus, strepitumque Acherontis avari!

Virgil. *Georg. lib.* 2.

(b) . . . . . . . Caret tibi pectus inani
Ambitione, caret mortis formidine, & irâ.
Somnia, terrores magicos, miracula, sagas,
Nocturnos lemures, portentaque Thessala rides.

Horat. *lib.* 2. *Ep.* 2.

moque de la sotte crédulité de ceux qui sont effrayés de tout ce qu'ils entendent débiter de l'autre monde *(a)*, quoique, selon lui, ce ne soit qu'une fable inventée à plaisir par les Poëtes. Tous enfin ne parlent presque jamais de l'autre vie, qu'ils n'y joignent l'épithete de fabuleuse *(b)*.

Ce n'étoient pas seulement les plus il-

*(a)* O genus attonitum gelidæ formidine mortis,
Quid styga, quid tenebras & numina vana timetis,
Materiem vatum, falsique piacula mundi ?
Corpora sive rogus flammâ, seu tabe vetustas
Abstulerint, mala posse pati non ulla putetis.
Ovid. *Metam. lib.* 15.

*(b)* Jam te premet nox, fabulæque manes.
Horat. *lib.* 1. *Od.* 4.
An ficta in miseras descendit fabula gentes ?
Propert. *lib.* 3. *El.* 5.

luſtres d'entre les Romains par leur eſprit & par leur mérite, qui rejettoient la fable de l'autre monde, un Céſar, un Cicéron, un Atticus, un Virgile, un Horace: la choſe étoit preſque générale. Il étoit ſi commun parmi eux d'en parler avec mépris, qu'il eût été étonnant que la crédulité des particuliers eût pû tenir contre l'opinion publique. On en faiſoit même des ſujets de Comédies, qui apparemment réjouiſſoient le peuple plus qu'elles ne l'effrayoient. Suétone nous apprend (*a*) que le jour que Caligula fut tué, on préparoit pour la nuit ſuivante un ſpectacle qui auroit repréſenté

. . . . . . . Tænara, & aſpero
Regnum ſub domino, limen & obſidens
Cuſtos non facili Cerberus oſtio,
Rumores vacui, verbaque inania,
Et par ſollicito fabula ſomnio.
Senec. *Troad. Act.* 2.

(*a*) *Parabatur & in noctem ſpectaculum, quo argumenta inferorum per Ægyptios & Æthiopes explicarentur.* Sueton. *in Caligulâ.*

les Enfers Poëtiques, & que la piéce de-voit être jouée par des Egyptiens & des Ethiopiens. Tout cela produiſoit ſon effet dans les eſprits, & achevoit de déſabuſer les hommes d'une opinion, qui les avoit préoccupés pendant ſi long-tems. Si nous en croyons Cicéron *(a)*, on ne voyoit point de vieille, ſi tremblante & ſi imbécile qu'elle fût, qui eût peur de tous les contes qu'on faiſoit & que l'on croyoit autrefois au ſujet de l'autre monde. Juvénal prétend même *(b)* que les enfans à peine ſortis d'en-

(a) *Quæ anus tam excors inveniri poteſt, quæ illa, quæ quondàm credebantur apud inferos, portenta pertimeſcat?* Cic. *De Nat. Deor. lib.* 2. & dans ſes Tuſculanes, *liv.* 2. après qu'il a dit à Atticus: *Dic, quæſo, num te illa terrent triceps apud inferos Cerberus, Cocyti fremitus, tranſvectio Acheruntis, Tantale, Siſyphe, Minos & Rhadamante? Hæc fortaſsè metuis, & idcircò mortem cenſes eſſe ſempiternum malum;* Atticus lui répond: *Adeòne me delirare cenſes, ut ita eſſe credam? Quis eſt enim tam excors, quem iſta moveant?*

(b) Eſſe aliquos manes, & ſubterranea regna,

tre

tre les bras de leurs nourrices, regardoient déja avec mépris tout ce qui s'en débitoit. Il y a sans doute de l'éxagération dans ce que ces deux Auteurs nous apprennent; & il est probable qu'il se trouvoit encore de leur tems des gens simples & crédules, qui pensoient au sujet de l'autre vie, comme on avoit pensé avant eux. Dans plusieurs la force des premieres impressions pouvoit l'emporter sur celle du raisonnement. Outre cela un siécle a beau être éclairé; on sçait qu'il s'y rencontre toujours des esprits foibles, à qui la timidité tient lieu de la plus forte conviction. Quoi qu'il en soit, nous ne pouvons douter que le plus grand nombre des Romains ne fût alors bien revenu de ce qu'on appelle préjugés & opinions populaires sur ce qui regarde l'autre vie, & que par conséquent on ne fût fort éloigné de

Nec pueri credunt, nisi qui nondùm ære lavantur.

Juven. *Sat.* 2.

croire encore l'immortalité. C'est ainsi que des hommes moins crédules regardoient la Religion de leurs peres comme une sotise & une fable, que la simplicité & l'ignorance avoient enfantée (*a*).

Au reste cette maniere de penser ne rendoit les hommes ni plus méchans ni plus injustes. Plusieurs entre les Thraces nioient l'immortalité de l'ame; les Grecs étoient assez partagés sur cette question; du tems de Cicéron & de Séneque, les Romains s'en moquoient assez ouvertement: cependant nous n'apprenons point, que ni les Thraces qui nioient l'immortalité, ni les Grecs qui en doutoient, ni les Romains qui la regardoient comme une fable, fussent ou plus amis du vice, ou moins zelés pour les bonnes mœurs, que ceux qui soûtenoient l'opinion contraire. Le plus zelé partisan d'une autre vie eût il été plus tempérant qu'Epicure, qui se contentoit pour son ordinaire

(*a*) Voyez ci-dessus, *pag.* 149. *Not.* (*a*)

d'un peu de pain & d'eau, & qui faisoit son régal d'un morceau de fromage (a)? Si on avoit été autrefois convaincu d'une vérité qu'on a si bien démontrée dans ces derniers tems, je veux dire, que les sentimens de l'esprit n'influent que bien peu sur les mœurs & sur la conduite, peut-être se seroit-on moins soucié d'établir parmi les hommes une opinion, qui sans les rendre de beaucoup meilleurs, les rend seulement plus misérables par l'inquiétude qu'elle leur cause. Tous ceux dont nous venons de parler, & une infinité d'autres dont nous n'avons rien dit, étoient délivrés de cette inquiétude. Ils ne songeoient qu'à couler doucement leurs jours, éloignant de leur esprit tout ce qui en auroit pû troubler la paix. Ils regardoient la vie comme un présent de la nature, jouissant de ses agrémens, & suppor-

(a) Les SS. Peres eux-mêmes & les Ecrivains Ecclésiastiques ont fait l'éloge de la tempérance d'Epicure.

tant ſes peines. Ils la comparoient à une table chargée de différens mets, qu'on peut quitter ſans regret lorſqu'on eſt raſſaſié; & ils en attendoient avec tranquillité le dernier moment, qu'ils croyoient devoir être pour eux la fin de toutes choſes.

## CONCLUSION.

De tout ce qui a été dit juſqu'ici il ſemble qu'on peut conclure, qu'on n'a pû encore parvenir à démontrer l'immortalité de l'ame. Delà on pourroit peut-être inférer, qu'elle ne ſe peut prouver par les lumieres de la raiſon, puiſque tant de ſçavans hommes, tant de génies ſublimes n'y ont pas réuſſi, après y avoir travaillé pendant tant de ſiécles; qu'elle eſt donc au deſſus de la raiſon; & que par conſéquent tant que nous ne conſulterons que ce que nous dicte celle-ci, nous ne verrons dans nous rien que de mortel & de périſſable.

En effet, à ne consulter que nos foibles lumieres, l'homme est produit en la même maniere que les autres animaux : il croît comme eux en force, en subtilité & en industrie ; il tire comme eux sa nourriture de la terre ; & comme eux il se réunit par la mort à la poussiere, à laquelle il doit également son origine. Son ame est tellement dépendante de son corps, que l'état de l'un décide de celui de l'autre. Un corps bien ou mal constitué *(a)*, le climat dans lequel on est né *(b)*, l'air qu'on y respire *(c)*, la boisson dont on use, la nourriture que l'on prend, une vie molle ou laborieuse, influent également sur le corps & sur la raison-

(a) *Ipsi animi magni refert quali in corpore locati sint : multa enim è corpore existunt, quæ acuant mentem, multa quæ obtundant.* Cic. *Tusc. Quæst. lib.* 1.

(b) *Plaga cœli non solùm ad robur corporum, sed etiam animorum facit.* Veget. *lib.* 2.

(c) *Athenis tenue cœlum, ex quo etiam acutiores putantur Attici ; crassum Thæbis : itaque pingues Thebani, & valentes.* Cic. *ubi suprà.*

L'homme blanc pense tout différemment du noir, & l'Américain de l'Européen, le jeune du vieux, celui qui est agité d'une passion, de celui qui raisonne tranquillement & de sang froid. Quelle que soit l'union de cette ame avec le corps, elle est telle, que tous deux se fortifiant également par degrés, arrivés qu'ils sont à l'état de perfection, ils déclinent, vieillissent & s'affoiblissent également (a). Si le corps est malade, la raison l'est à proportion (b); elle languit dans la langueur du corps, & recouvre avec lui sa vigueur & sa force (c): en un mot le corps ne reçoit aucune altération, qu'elle n'influe également sur l'ame.

(a) ...... Pariter gigni cum corpore, & unà
Crescere sentimus, pariterque senescere mentem.

Lucret. *lib.* 3.

(b) ....... Vis morbi distracta per artus,
Turbat agens animam ........... *ibid.*

(c) ....... Mentem sanari corpus ut ægrum
Cernimus, & flecti medicinâ posse videmus.
*ibid.*

Ce sont ces considérations, qui ont déterminé Lucrece à penser que l'ame est corporelle *(a)*, sujette qu'elle est à toutes les vicissitudes du corps; Vanhelmont à dire, que l'ame immortelle n'a aucune part aux fonctions du corps, & est ensevelie en nous durant notre vie, ce qui est la réduire à un véritable anéantissement; & d'autres en très-grand nombre à soutenir qu'elle n'est en effet autre chose, que le mouvement & l'intelligence, qui procede dans notre cerveau de l'arrangement de ses organes ébranlés par les esprits animaux. C'est ce qu'ils ont appellé une harmonie, un accord parfait de toutes les parties du corps, le sens des sens, une lumiere qui luit dans notre cerveau, & qui y est entretenue par ce feu subtil qui s'y porte à chaque instant à la faveur de la cir-

*(a)* . . . . Corpoream naturam animi esse necesse est,
Corporeis quoniam telis ictuque laborat.
*ibid.*

culation du ſang. C'eſt ce que quelques autres ont nommé un eſprit divin & univerſel répandu dans toute la nature, dans toute l'étendue de la terre, de la mer, & dans les eſpaces immenſes des Cieux ; qui n'eſt pas plus propre à l'homme, qu'au reſte des animaux, & de qui les uns & les autres reçoivent à leur naiſſance les eſprits ſubtils qui les animent (a). Ainſi, ſelon eux, il eſt vrai de dire en général que la matiere ne penſe point, qu'elle eſt muette, aveugle & inſenſible ; mais il n'eſt pas moins conſtant, diſent-ils, que telle matiere en particulier eſt capable de penſer,

(a) . . . . . . . . Deum namque ire per omnes
Terraſque, tractus que maris, cœlumque profundum.
Hinc pecudes, arminta, veros, genus omne ferarum,
Quemque ſibi tenues naſcendo arceſſe vitas.
Scilicet hùc reddi, atque illinc reſoluta referri
Omnia, nec morti eſſe locum
Virgil. *Georg. lib.* 4.

capable de vie, d'intelligence & de sentiment. Or cette matiere particuliere est, ajoutent-ils, la matiere organisée, dans laquelle s'opere tout cela, lorsque cette activité n'est point interceptée par les nuages & les vapeurs du sommeil, d'une fievre, de l'ivresse, ou par quelqu'autre cause étrangere. On ne peut donc pas avancer, continuent-ils, que la matiere en général, ou telle portion de matiere en particulier, soit la pensée, l'intelligence ou la vie: lui attribuer le sentiment, le discernement & la raison, ce seroit prendre l'ombre pour le corps. Mais il n'est pas moins vrai que la raison, le discernement & le sentiment se forment & résultent nécessairement de l'accord de cette même matiere organisée. Et c'est parce que ces organes sont également propres de l'homme & de la bête, qu'ils leur attribuent une ame commune, également capable des mêmes opérations, autant que le permet le plus ou le moins de perfection dans ces organes;

également mortelle, dans ce ſens, que par la mort cette ame eſt détruite comme le corps au regard de chaque individu qu'elle animoit; mais immortelle par rapport à la maſſe générale de la matiere, à laquelle elle ſe réunit alors, ſans perdre la faculté de pouvoir être organiſée de nouveau, & produire les mêmes opérations pendant toute l'éternité.

Quoi qu'il en ſoit de ces différens ſiſtêmes, par où l'eſprit humain a crû pouvoir rendre raiſon de ce qui eſt pour lui inexplicable, avouons de bonne foi que la nature de notre ame eſt ſupérieure à toutes les foibles lumieres de notre génie, que notre raiſon s'y perd; & à l'égard de ſon immortalité, confeſſons ingénuement avec Montagne, *que Dieu ſeul nous l'a dit, & la foi. Car cette leçon n'eſt pas de nature & de raiſon; & qui retâtera ſon être & ſes forces & dedans & dehors, & verra l'homme ſans le flatter, il n'y verra ni faculté, ni efficace, qui sente autre chose que la mort & la terre.* Reconnoissons que l'espérance de notre immortalité future est fondée uniquement sur les promesses & la résurrection du Sauveur; & disons hardiment avec l'Apôtre, sans craindre de nous tromper: » Si Jesus-Christ » n'est pas ressuscité, la croyance où nous » sommes d'une vie future, est vaine & sans » fondement (*a*). « Mais aussi Jesus-Christ étant vraiment ressuscité, comme il n'y a aucun lieu ni aucune raison d'en douter; après les preuves sans replique que la Religion nous en fournit, nous ne pouvons plus nous refuser à cette vérité, que nous attendons une vie future, où nous serons punis ou récompensés par le juste juge de nos actions bonnes ou mauvaises.

Du reste, comme dans la premiere Partie de cet Ouvrage j'ai traité assez au long de ce

(*a*) *Si non surrexit Christus, vana est fides vestra.* 1. Cor. 15. 17.

que les Anciens ont pensé sur l'antiquité du Monde, peut-être seroit-on curieux de sçavoir ce qu'on doit en croire ; & à quoi l'on peut se fixer sur cet article. C'est ce que je me propose d'examiner dans le Traité qui suit. J'espere y démontrer, d'un côté, qu'il est extravagant de croire avec quelques Anciens que le Monde soit éternel ; de l'autre, que de vouloir fixer, je ne dis pas avec Moïse, mais avec tous nos Chronologistes modernes, l'époque de l'origine de cet Univers, c'est une entreprise également ridicule & chimérique.

FIN.

www.ingramcontent.com/pod-product-compliance
Ingram Content Group UK Ltd.
Pitfield, Milton Keynes, MK11 3LW, UK
UKHW020142200726
13856UKWH00003B/803